Deutsches Lesebuch

mit Sprechübungen

für Quinta

Deutsches Lesebuch

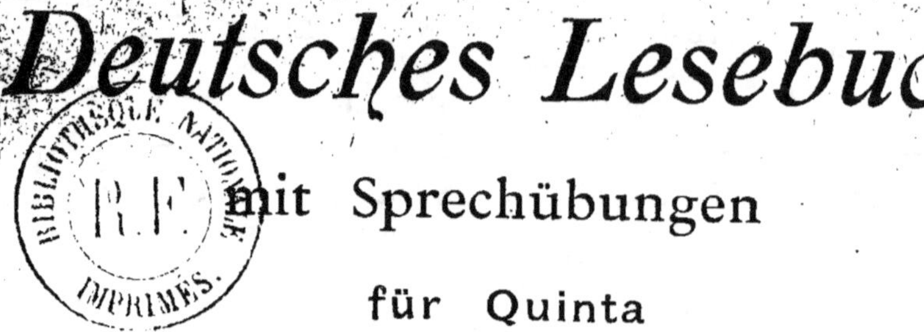

mit Sprechübungen

für Quinta

par

Charles SCHWEITZER

Docteur ès lettres, professeur agrégé de l'Université,

AVEC LA COLLABORATION DE

Émile SIMONNOT

Professeur d'Allemand au Collège Chaptal.

> **Der Text ist den neuen amtlichen Regeln der Orthographie gemäss**
> (*Ministerielles Zirkular vom 20 Juni. 1905*)

Librairie Armand Colin

Rue de Mézières, 5, PARIS

—

1912

Tous droits réservés.

(7ᵉ *Édition*)

Avant-propos

Plan de ce livre.

Les programmes officiels prescrivent pour la classe de Cinquième l'étude du vocabulaire suivant :

1° *La Campagne :*

Les aspects de la campagne :

Phénomènes atmosphériques ; les saisons.
Les plantes et les animaux.

Les occupations de la campagne :

Le cultivateur ; le vigneron ; le jardinier ; le bûcheron.
La maison rustique, principales parties.
Les animaux domestiques, ce qu'ils font, les services qu'ils rendent.
Les instruments de culture.

Les plaisirs de la campagne :

La chasse et la pêche.
La promenade, les différents moyens de locomotion.
Les fêtes et les distractions.

2° *La Ville :*

La rue (les véhicules), la gare, la poste, l'hôtel, le théâtre, le musée, la bibliothèque, les grands magasins, la boutique, le marché.
Les principaux métiers.

3° *La Nature :*

La mer, la rivière, la montagne, la plaine, la forêt, le ciel.

4° *Notions très sommaires sur la géographie* du pays dont on apprend la langue.

**

Il est évident, à première vue, que l'énumération de ces matières ne constitue pas en soi le plan d'un livre. Épuiser un à un les sujets de cette liste dans leur ordre artificiel, ce serait s'exposer à étudier les travaux de la campagne au mois de décembre et à mener les élèves à la pêche à la ligne au moment où ils se livrent au patinage.

Pour éviter ces contresens, nous avons cru devoir adopter pour notre petit voyage à travers la ville, la campagne et la nature, l'itinéraire tracé par la nature elle-même et dont les grandes étapes s'appellent, en suivant l'ordre de l'année scolaire : l'automne, l'hiver, le printemps, l'été. C'était déjà le plan de notre premier volume. Il offre ce grand avantage qu'il permet à notre enseignement de côtoyer sans cesse la vie réelle. Grâce à cette marche parallèle à l'évolution de la nature et aux changements que cette évolution amène dans l'activité des hommes, chacun de nos entretiens viendra à son heure, avec l'attrait de l'actualité ; les éléments divers de notre enseignement se relieront entre eux par une certaine unité d'action et le tout se groupera en un organisme vivant.

Leçons de Choses.

Comme dans notre volume de Sixième, l'intuition reste le principe fondamental de notre enseignement. Aussi avons-nous multiplié le nombre des images à mesure que la réalité nous fait défaut. Ces illustrations nouvelles sont, comme les anciennes, la reproduction réduite des **Tableaux muraux de Leçons de Choses et de Langage** de la Librairie Armand Colin. Il est facile de se rendre compte du principe d'après lequel ils ont été conçus et composés. Se distinguant en cela de ces grands tableaux encyclopédiques qui font entrer dans le même cadre tout un monde de choses et de personnes et où l'enfant se perd, nos images n'embrassent que les éléments essentiels d'une action rigoureusement délimitée. Devant ces petites scènes, l'attention de l'élève, loin de se lasser, est tenue sans cesse en éveil par la clarté et la diversité des sujets qui défilent sous ses yeux.

Morceaux de lecture.

En Sixième, les leçons de choses constituaient notre procédé d'enseigne-ment presque exclusif; ce qui importe, en effet, au début, c'est l'acquisition des vocables essentiels présentés dans des phrases courtes et dont la grammaire, tout d'abord très simple, se gradue et se développe dans une marche progressive. Aborder d'emblée la lecture des textes dès le premier jour et sans cette double initiation nous a toujours paru un contresens péda-gogique. Mais une fois que l'enfant est familiarisé avec les mots et rompu aux difficultés grammaticales, la lecture des textes suivis s'impose; ajoutons qu'elle est singulièrement facilitée par ces exercices d'assouplissement préparatoires. Aussi n'avons-nous pas hésité à répandre dans ce volume destiné à la Cinquième des morceaux de lecture à profusion. Mais, prose ou poésie, fidèles à notre principe, nous avons toujours pris soin de préparer ces textes par des leçons de choses, destinées à mettre d'avance l'élève en possession du vocabulaire essentiel contenu dans ces morceaux et à le placer, en quelque sorte, dans la disposition d'esprit nécessaire.

Grammaire.

Sous le rapport de la grammaire, il nous restait peu de chose à ajouter pour compléter les éléments enseignés en Sixième. Mais ces éléments demandaient à être revisés. Aussi notre volume de Cinquième n'aborde-t-il aucune matière grammaticale nouvelle pendant le premier trimestre, lais-sant le professeur libre de revenir sur les exercices de conjugaison, de déclinaison, sur l'emploi des prépositions et sur les formes essentielles de la construction, qui ont fait l'objet de l'enseignement dans la classe précédente.

Mais dès le commencement du deuxième trimestre, il nous a paru indis-pensable de traiter à fond, cette fois, la construction allemande, qui présente des difficultés inconnues aux autres langues. Pour rompre définitivement les élèves à ces difficultés, nous prenons nos exemples dans les morceaux expliqués, et, après leur avoir montré le mécanisme de ces phrases-types, nous les engageons à tirer de leur propre fonds des phrases analogues, en se servant du vocabulaire acquis, sans faire intervenir la traduction, bien entendu. Peut-être avons-nous réussi, au moyen de ce procédé, à démontrer que la méthode directe est aussi capable que le thème d'enseigner la grammaire (1).

Il va sans dire que tous nos exercices oraux peuvent, au gré du professeur, se transformer en sujets de devoirs écrits.

Nous ne livrerons pas notre volume à la publicité sans rendre un hommage reconnaissant au concours qu'a bien voulu nous prêter une aimable collègue d'Allemagne, Melle Anna Curtius, professeur de langue française à l'École normale de Leipzig, à qui M. le Ministre de l'Instruction publique de France a décerné, il y a un an, les palmes d'officier d'académie, pour reconnaître les services qu'elle a rendus à la propagation de notre langue et de notre littérature à l'étranger.

Juillet 1903.

(1) Comme notre volume de 6ᵉ, celui de 5ᵉ contient, à la fin, un *précis grammatical*, résumant les matières apprises. Nous comptons ainsi épargner à l'enfant l'acquisition onéreuse de cette multiplicité de livres, qui a fait l'objet de tant de réclamations.

Inhalt.

Zweiter Teil.

Der Winter. — Gewerbe in der Stadt und im Dorf.

I. — Beschreibung des Winters.

Dritter Teil.

Der Frühling. — Auf dem Lande.

I. — Ankunft des Frühlings. — Ostern.

Vierter Teil.

Der Sommer. — Naturansichten.

I. — Beschreibung des Sommers.

II. — Feldarbeiten im Sommer.

Bilderverzeichnis

Farbenbilder

Erster Teil.

Der Herbst. — Gewerbe in der Stadt und im Dorf.

Grammatik : Wiederholung des Programms der Sexta.

Stadt.

I. Wiederbeginn des Unterrichtes.

§ 1. — Versetzung nach Quinta.

Jetzt ist Anfang Oktober. Die Sommerferien sind zu Ende. Wie schnell sind sie vergangen! Zwei Monate lang haben wir uns von der Arbeit ausgeruht. Nun gehen wir wieder in die Schule. Ein neues Schuljahr beginnt.

Voriges Jahr war ich in Sexta. Jetzt bin ich in Quinta. Fast alle meine früheren Mitschüler sitzen wieder mit mir in derselben Klasse. Nur die Faulen sind nicht nach Quinta versetzt worden; sie müssen noch ein Jahr in Sexta bleiben.

Einige von meinen Kameraden haben das Gymnasium verlassen oder sind in einer anderen Abteilung. Unter den Quintanern sehe ich einige neue Gesichter. Aber wir werden bald Bekanntschaft gemacht haben. Auch andere Lehrer unter= richten uns.

Ich nehme mir vor, dieses Jahr recht fleißig zu arbeiten, um meinen Lehrern und meinen Eltern Freude zu machen und später ein tüchtiger Mann zu werden.

Spruch : Aller Anfang ist schwer.

§ 2. — *GEDICHT* : Abschied der Schwalben.

Die Schwalben halten zwitschernd
Hoch auf dem Turme Rat.
Die älteste spricht bedenklich :
" Der Herbst hat sich genaht.

Schon färben sich die Blätter,
Die Felder werden leer;
Bald tanzt kein einzig Mücklein
Im Strahl der Sonne mehr.

Seid ihr zur Reise fertig? "
Die Alten zwitschern : " Ja! "
Die Jungen fragen lustig :
" Wohin? " — " Nach Afrika! "

J. STURM.

§ 3. — Was ein Schüler in Quinta lernt.

Geschichte und Geographie (3 Stunden wöchentlich). — In Sexta haben wir das Altertum, das heisst die Geschichte der Griechen und Römer, kennen gelernt. In Quinta lernen wir die Geschichte Galliens und des Mittelalters, namentlich die Geschichte der Franken, der Araber, Karls des Grossen, die Eroberungen der Normannen, die Kreuzzüge nach Palästina, den hundertjährigen Krieg zwischen Frankreich und England.

In der Geographie oder Erdkunde lernen wir die Staaten Afrikas und Asiens kennen. Voriges Jahr haben wir in Sexta die Länder Amerikas und die Inseln Australiens kennen gelernt.

Französisch und Latein. — Wir lesen und erklären französische Texte aus den Werken der besten Schriftsteller. Ausserdem lernen wir Grammatik und verfassen kleine Aufsätze.

Die Schüler der Abteilung A lernen Latein (7 Stunden wöchentlich). Sie lesen und erklären Stellen aus den Schriften der lateinischen Autoren, übersetzen aus dem Französischen ins Latein oder umgekehrt aus dem Latein ins Französische.

Neuere Sprachen (5 Stunden wöchentlich). — Einige Schüler treiben Deutsch, andere Englisch. — Wir lernen Gedichte auswendig; wir üben uns im Sprechen und schreiben kleine Uebungen in der fremden Sprache.

Mathematik und Naturkunde. — In den Mathematikstunden lernen wir die Masse, Gewichte und Münzen. Man unterrichtet uns auch in den Elementen der Algebra. In der Naturkunde treiben wir hauptsächlich Botanik, das heisst wir lernen das Leben und die Organe der Pflanzen kennen. Ausserdem haben wir auch zwei Zeichenstunden wöchentlich und üben uns speziell im Dekorationszeichnen.

Spruch : Morgenstund' hat Gold im Mund.

§ 4. — Unser Gymnasium.

Unser Gymnasium steht auf der Straße X., Nummer... Es hat eine lange, hohe Façade, in welcher ein Haupttor ist. Bei diesem befindet sich die Stube des Portiers (Pförtners).

Im Innern sind Höfe, auf denen die Schüler während der Pausen spielen oder umherspazieren. Um die Höfe herum sieht man gedeckte Gänge, wo sich die Schüler bei schlechtem Wetter aufhalten. Nach diesen Höfen öffnen sich die Schulzimmer, Studierzimmer und Speisesäle. Im ersten und zweiten Stock sind Schlafsäle für die Pensionäre. Außerdem gibt es noch ein Laboratorium für den Chemieunterricht, ein Naturalienkabinett, einen Zeichensaal, ein Physikzimmer, eine Turnhalle. All diese Räume münden auf lange Gänge.

Im Gymnaſium wohnen der Direktor, der die Schule leitet, der Verwalter, der für die Pflege der Schüler ſorgt und das Schulgeld einkaſſiert, der Cenſor, der die Aufſicht über die Studien führt, und eine große Anzahl von Dienern: letztere bilden zuſammen die Dienerſchaft.

In Deutſchland nennt man Gymnaſium eine Schule, wo die alten klaſſiſchen Sprachen, Latein und Griechiſch, gelernt werden; im Realgymnaſium wird Latein, aber kein Griechiſch gelernt; in der Oberrealſchule und in der Realſchule lernen die Schüler die neueren Sprachen: Franzöſiſch und Engliſch.

§ 5. — Kaiser Karl der Grosse in der Schule.

Vor langen Zeiten lebte ein mächtiger Kaiser mit Namen Karl der Grosse. Er wusste das Schwert tapfer zu führen, aber das Lesen und Schreiben hatte er in seiner Jugend nicht gelernt; denn damals gab es noch nicht solche Schulen, wie jetzt so viele sind. Darum waren auch in seinem Volke nur wenige, welche lesen und schreiben konnten. Aber dem Kaiser tat es sehr leid, dass er in seiner Jugend nicht hatte schreiben und lesen lernen können, und darum lernte er es noch, als er schon ein Mann geworden war. Er wollte aber auch, dass sein Volk nicht mehr so unwissend bleiben sollte; darum richtete er überall Schulen ein und befahl, dass die Kinder der vornehmen und geringen Leute sie besuchen sollten. Er selbst kam oft in die Schulen und erkundigte sich, ob die Kinder auch fleissig und folgsam wären.

Einst fand er in einer Schule, dass die Kinder armer Eltern fleissiger und geschickter waren als die Kinder der Reichen und Vornehmen. Da mussten sich die Fleissigen zu seiner Rechten, die Faulen aber zu seiner Linken aufstellen, und er sprach zu den armen, aber fleissigen Kindern: " Ich danke euch, meine Kinder; ihr habt ganz nach meinem Wunsche getan, und ich freue mich, dass ihr so fleissig gewesen seid. Fahret so fort, mein Lohn soll euch nicht fehlen. "

Hierauf wandte er sich zu den vornehmen, aber trägen Kindern und sprach: " Ihr aber, ihr feinen Püppchen, ihr glaubt wohl gar, weil eure Eltern reich und vornehm sind, darum braucht ihr nichts zu lernen? Werdet ihr nicht fleissiger, so soll keines von euch wieder vor meine Augen kommen, und ich werde euch bestrafen, wie ihr es verdient habt. "

(Deutsches Lesebuch, von E. SCHMID und FR. SPEYER).

Spruch : Dummheit und Stolz
Wachsen auf einem Holz.

II. Die Stadt.

§ 6. — **Beschreibung der Stadt** (nach dem 5. Bilde).

Unser Gymnasium befindet sich in einer Stadt. Wir wollen mit Hilfe unseres Bildes die Stadt kennen lernen.

Da sehen wir einen großen öffentlichen Platz. In der Mitte desselben erheben sich hohe Bäume, welche ihn beschatten. Hie und da stehen Straßenlaternen (Gasbrenner), die nachts den Platz beleuchten. Das Wetter ist noch warm, denn fast alle Leute tragen noch leichte Kleider. Links auf dem Trottoir sitzen Damen und Herren an Tischen vor einem prächtigen Kaffeehause. Auf den Tischen stehen Gläser und Flaschen; die Gäste trinken erfrischende (erquickende) Getränke, welche von Kellnern aufgetragen werden. Auf dem Trottoir gehen Spaziergänger hin und her. Vorn liest ein Herr eine Zeitung. Hinter ihm geht ein junges Paar vorüber. Etwas weiter wirft eine Dame im Vorbeigehen einen Brief in den Kasten.

* * *

Auf der rechten Seite der Straße fahren allerlei Wagen. Voran fährt ein Automobil; darin sitzt ein Mann. Dahinter fährt ein Omnibus, mit zwei Pferden bespannt. Der Kutscher sitzt auf dem Bock; in der rechten Hand hält er die Peitsche und in der linken die Zügel; er lenkt den Wagen. Mehrere Leute sitzen auf dem Verdeck des Omnibusses. Daneben sehen wir auch eine Droschke und einen Wagen mit Paketen beladen.

* *

Von dem Platze zweigt sich eine lange Straße ab. An derselben stehen hohe Häuser in Reihen. Diese haben mehrere Stockwerke mit Balkons. Am Eingang dieser Straße bemerken wir zwei schöne Gebäude; rechts ein Museum, und links ein Theater. Die Fassade dieser Gebäude ist mit Säulen und Statuen geschmückt.

§ 7. — Humoristisches.

Im Kaffeehaus. — "Kellner, ich habe eine Mark fallen lassen. Wenn Sie sie finden, geben Sie sie mir morgen wieder; wenn nicht, können Sie sie behalten."

§ 8. — **Wie ein Haus gebaut wird** (Satzreihe). — **Handwerker.**

Präsens.	Präterit.	Partizip.
1. Der Architekt zeichnet den Bauplan.	zeichnete	gezeichnet
2. Der Bauunternehmer und seine Arbeiter führen den Plan aus.	führte	geführt
3. Die Erdarbeiter graben den Grund.	grub	gegraben
4. Die Maurer bauen die Mauern.	baute	gebaut
5. Die Zimmerleute schlagen das Gerüst auf.	schlug	geschlagen
6. Der Dachdecker deckt das Dach.	deckte	gedeckt
7. Der Klempner setzt die Dachrinnen.	setzte	gesetzt
8. Der Tischler setzt die Fensterrahmen und Türen ein.		
9. Der Glaser setzt die Scheiben in die Fenster ein.		
10. Der Schlosser schlägt die Schlösser an.	schlug	geschlagen
11. Der Maler (Anstreicher) bemalt das Holzwerk.	bemalte	bemalt
12. Der Tapezierer beklebt die Wände mit Tapeten.	beklebte	beklebt

Spruch : Eintracht baut das Haus.
               Zwietracht reisst es nieder.

§ 9. — Zimmerspruch.

Das neue Haus ist aufgericht't,
Gedeckt, gemauert ist es nicht,
Noch können Regen und Sonnenschein
Von oben und überall hinein.
Drum rufen wir zum Meister der Welt,
Er wolle von dem Himmelszelt
Nur Heil und Segen giessen aus.
Hier über dieses off'ne Haus.

* *

Zuvörderst woll' Er gut Gedeih'n
In die Kornböden uns verleih'n,
In die Stube Fleiss und Frömmigkeit,
In die Küche Mass und Reinlichkeit,
In den Stall Gesundheit allermeist,
In den Keller dem Wein einen guten Geist;
Die Fenster und Pforten woll' er weih'n,
Dass nichts Unseliges komm herein,

Und dass aus dieser neuen Tür
Bald fromme Kindlein springen herfür.
Nun, Maurer, decket und mauert aus !
Der Segen Gottes ist im Haus.

UHLAND.

§ 10. — Die Stadt Paris.

Paris ist eine grosse Stadt. Sie zählt mehr als zwei und eine halbe Million Einwohner. Paris ist die Hauptstadt von Frankreich. Um die ganze Stadt herum zieht sich eine hohe Stadtumwallung mit einem breiten Graben. Nur durch einige Tore kann man herein und herausgehen. Paris ist befestigt; es ist eine Festung. Ausserhalb der Stadtumwallung liegt die Umgebung von Paris. Die kleineren Städte um Paris bilden die Vororte.

* * *

Paris liegt an der Seine. Die Seine ist ein Strom; sie fliesst durch ein breites Tal, das von anmutigen Höhen, wie z. B. Montmartre, Montrouge eingeschlossen ist. Sie entspringt auf einem Berge im "département de la Côte d'Or" und mündet in das Meer, bei der Hafenstadt le Havre. Im Süden von Paris, bei Charenton, nimmt die Seine einen Fluss auf, die Marne. Die Marne ist ein Nebenfluss der Seine. Ueber die Seine führen eine grosse Anzahl von Brücken von einem Ufer zum andern. Im Mittelpunkt von Paris teilt sich die Seine in zwei Arme, welche zwei Inseln (Ile de la Cité und Ile Saint-Louis) umspülen (umschliessen).

* * *

Paris hat viele grosse Plätze und Parkanlagen. Die grösste und schönste Waldanlage ist das sogenannte " Bois de Boulogne " in welchem ein Tiergarten angelegt ist.

Am rechten Ufer der Seine steht das berühmte Museum " le Louvre " und das Rathaus. Auf der Insel " la Cité " befindet sich der gotische Dom " Notre-Dame " und der Justizpalast. Am linken Ufer der Seine ist die Deputiertenkammer, das Invalidenhaus und der Eiffelturm. Weiter nach Süden findet man noch den Palast " le Luxembourg ", die Pariser Universität " la Sorbonne ", das Lazarett " le Val de Grâce ". Jedes Stadtviertel besitzt ausserdem Kirchen, Markthallen, Gymnasien, Volksschulen, Spitäler, u. s. w.

Übung : Beschreibe nach obigem Muster die Stadt, welche wir bewohnen und deinen Heimatsort.

§ 11. — In Deutschland : einige deutsche Städte.

Ich lerne Deutsch. Das Land, wo man Deutsch spricht, heißt Deutschland. Frankreich ist eine Republik. Deutschland ist ein Kaiserreich. In Deutschland sind viele große Städte. Die Hauptstadt des deutschen Reichs heißt Berlin. Berlin ist zugleich die Hauptstadt des Königreichs Preußen.

Im Norden von Deutschland liegt die freie Stadt Hamburg, der größte Hafen von Deutschland. Im Südosten liegt Breslau, die Hauptstadt der Provinz Schlesien; im Süden Dresden, die Hauptstadt von Sachsen, und die berühmte Universitätsstadt Leipzig; im Südwesten München, die Hauptstadt von Bayern. In der Rheingegend liegen Frankfurt-am-Main, Mainz, Köln, Aachen und Trier.

Die Bewohner von Frankreich heißen Franzosen. Ich bin ein Franzose. Französische Damen heißen Französinnen. Die Bewohner von Deutschland heißen Deutsche. In Preußen wohnen die Preußen.

§ 12. — Einige Sprichwörter.

1. Fleiss bricht Eis.
2. Was Hänschen nicht lernt, lernt Hans nicht mehr.
3. Stetes Tröpflein höhlt den Stein aus.
4. Stillstand ist Rückgang.

---

5. Was du nicht willst dass man dir tu,
   Das füg' auch keinem andern zu.
6. Ein gut Gewissen ist ein sanftes Ruhekissen.
7. Müssiggang ist aller Laster Anfang.
8. Jeder kehre vor seiner eigenen Tür.
9. Mit dem Hut in der Hand
   Kommt man durch's ganze Land.
10. Wie man in den Wald ruft, so schallt es zurück.

III. Beförderungsmittel.

§ 13. — Der Bahnhof (nach dem 5. Wandbild).

Besonders im Oktober ist der Bahnhof voll Menschen, die vom Lande zurückkehren. Wir wollen uns diesen Bahnhof einen Augenblick besehen.

Im Vordergrund befindet sich eine hohe, breite Halle. An den Wänden derselben sind Fahrpläne angebracht; darauf lesen die Reisenden die Zeiten der Abfahrt und der Ankunft der Züge. Oben hängen elektrische Lampen, welche nachts die Halle beleuchten. Eisendrähte dienen zur Beförderung der telegraphischen Depeschen.

* * *

In der Halle sind Reisende aller Art in Reiseanzügen. Mehrere tragen in der Hand leichte Gepäckstücke oder Handgepäck, wie z. B. zusammengerollte Reisedecken, mit Riemen geschnallt, Körbe, Handkoffer u. s. w. Links stehen mehrere Personen hinter einander an einem Schalter. Sie lösen sich Billets oder Fahrkarten erster, zweiter, dritter Klasse, — einfache Billets und Retourbillets, Rundreisebillets.

Nachdem die Reisenden sich Billets gelöst haben, geben sie ihre schweren Gepäckstücke, wie z. B. Koffer, Kisten auf. Ein Gepäckträger hat sie sofort auf einen Gepäckkarren geladen. Nun schiebt er den Karren vor sich her nach dem Gepäcksaal.

* * *

Hinten sehen wir ebenfalls Reisende, die sich auf die Bahnsteige oder Perrons begeben. Durch das geöffnete Eingangstor erblicken wir eine Lokomotive. Davor steht der Stationsvorsteher, der die Beamten beaufsichtigt.

Rechts kommen andere Reisende durch das Ausgangstor herein. Beim Tor steht ein Zollbeamter in seiner Uniform. Er fragt eine Frau, ob sie etwas Zollpflichtiges in ihrem Korb hat.

§ 14. — Humoristisches.

Ein Bauernbub fährt zum erstenmal mit der Eisenbahn. Ein Geschäftsreisender, der im selben Wagen sitzt, will dem Jungen Angst machen und sagt zu ihm, als der Zug in einen Tunnel einfährt : « Jetzt halt dich ruhig, Bub, jetzt geht's in die Hölle ! » — « Das macht mir gar nichts, » sagt der Bauernbub, « ich hab' eine Retourkarte ! »

§ 15. — **Ich fahre mit der Eisenbahn** (Satreihe).

Präsens.	Präterit.	Partizip.
1. Ich verlasse das Haus.	verließ	verlassen
2. Ich miete eine Kutsche.	mietete	gemietet
3. Ich lade mein Gepäck auf oder in die Kutsche.	lub	geladen
4. Ich fahre nach dem Bahnhof.	fuhr	gefahren
5. Ich bezahle den Kutscher.	bezahlte	bezahlt
6. Ich gehe an den Billetschalter.	ging	gegangen
7. Ich löse ein Billet nach X.	löste	gelöst
8. Ich rufe einen Gepäckträger.	rief	gerufen
9. Ich gebe mein Gepäck auf.	gab	gegeben
10. Ich bekomme einen Gepäckschein.	bekam	bekommen
11. Ich trete in den Wartesaal.	trat	getreten
12. Ich warte auf die Abfahrt des Zuges.	wartete	gewartet
13. Ich gehe auf den Bahnsteig (Perron).	ging	gegangen
14. Ich steige in ein Coupé.	stieg	gestiegen
15. Ich lege mein Handgepäck in das Netz.	legte	gelegt
16. Ich setze mich.	setzte	gesetzt
17. Der Zug fährt ab.	fuhr	gefahren

§ 16. — Wie die Schüler sich zum Gymnasium begeben.

Jeden Schultag begeben sich die Extraneer ein oder zweimal nach
dem Gymnasium. Diejenigen, welche nicht weit wohnen, gehen ins
Gymnasium zu Fuss. Diejenigen, welche in einem entfernten Stadtviertel
wohnen, fahren mit dem Omnibus, mit der Strassenbahn oder mit der
Stadtbahn, mit dem Dampfschiff, auch zu Rad oder in einer Droschke.
Diejenigen, welche in der Umgegend wohnen, fahren mit der Eisenbahn. Am Sonntag reiten einige unter den Grösseren oder fahren im
Automobil spazieren. Sie machen einen Spazierritt, eine Spazierfahrt;
zu Fuss macht man einen Spaziergang.

Sage, wie du dich zum Gymnasium begeben hast (heute, gestern, u. s. w.).

§ 17. — Ich fahre mit dem Omnibus nach dem Gymnasium (Satzreihe).

Präsens.	Präterit.	Partizip.
1. Ich gehe nach einer Haltestelle.	ging	gegangen
2. Ich nehme mir eine Omnibusnummer.	nahm	genommen
3. Ich warte auf den Omnibus.	wartete	gewartet
4. Der Omnibus kommt an.	kam	gekommen
5. Der Schaffner ruft die Nummern aus.	rief	gerufen
6. Ich steige auf das Verdeck des Omnibusses.	stieg	gestiegen
Beim Regen nehme ich einen Platz im Innern.	nahm	genommen
7. Ich setze mich auf die Bank.	setzte	gesetzt
8. Der Omnibus fährt weiter vorwärts.	fuhr	gefahren
9. Ich übergebe dem Schaffner das Fahrgeld.	übergab	übergeben
10. Der Omnibus fährt an dem Gymnasium vorbei.	fuhr	gefahren
11. Ich steige ab.	stieg	gestiegen

§ 18. — Humoristisches.

Ein Zug steht fertig zum Abfahren und es wird zum dritten Male geläutet, als ganz ausser Atem eine dicke Frau herbeigestürzt kommt. Von dem dienstfertigen Schaffner wird sie gepackt, mit einem Ruck ins Coupé geworfen und fort braust der Zug. Gleich darauf erscheint der Schaffner bei der noch immer nach Atem ringenden Dame. Diese keucht : ‘‘ Ach... ich wollte ja... ’’ — ‘‘ Nun, nun, beruhigen Sie sich nur, Sie sind ja mitgekommen und das ist die Hauptsache! ’’ — ‘‘ Ja..., ich wollte ja... nur... ’’ — ‘‘ Ihr Billet, wenn ich bitten darf! ’’ — ‘‘ Ja... aber... ich wollte ja nur... diesen Brief... in den Briefkasten... stecken! ’’

Kleiner Gymnasiast (am Schalter) : ‘‘ Ich will ein Billet nach Zehlendorf. ’’ — Schalterbeamter : ‘‘ Welche Klasse? ’’ — Gymnasiast (stolz) : ‘‘ Ober-Sexta ! ’’

IV. Allerheiligen und Allerseelen.

§ 19. — Der Friedhof.

Ende Oktober haben wir zu Allerheiligen einen Tag frei. Allerheiligen fällt auf den ersten November.

Der Tag nach Allerheiligen heißt Allerseelen. An diesem Tage geht jede Familie auf den Friedhof, wo ihre Toten ruhen. Eine trauernde Menge wandert still zwischen den Gräbern und den Grabhügeln, worauf Kreuze oder Denkmäler mit den Namen der Verstorbenen stehen. Viele Menschen tragen Trauerkränze und Blumensträuße, die sie auf die Gräber niederlegen. Vom nahen Kirchturm hört man das traurige Geläute der Glocken. Auf dem Friedhof fühlen sich alle Herzen tief gerührt. Allerseelen ist ein ernster Tag.

§ 20. — Der Liebe Dauer.

O lieb’, so lang du lieben kannst!
O lieb’, so lang du lieben magst!
Die Stunde kommt, die Stunde kommt,
Wo du an Gräbern stehst und klagst.

FERDINAND FREILIGRATH.

§ 21. — Ein Friedhofsbesuch.

Beim Totengräber pocht es an :
‘‘ Mach auf, mach auf, du greiser Mann!

Tu auf die Tür und nimm den Stab,
Musst zeigen mir ein teures Grab. ’’

Ein Fremder spricht’s mit strupp’gem Bart,
Verbrannt und rauh nach Kriegerart.

‘‘ Wie heisst der Teure, der Euch starb
Und sich ein Pfühl bei mir erwarb? ’’

‘‘ Die Mutter ist es; kennt Ihr nicht
Der Martha Sohn mehr am Gesicht? ’’

Hilf Gott! wie gross, wie braun gebrannt!
Hätt’ nun und nimmer Euch erkannt.

Doch kommt und seht! Hier ist der Ort,
Nach dem gefragt mich Euer Wort.

Hier wohnt, verhüllt von Erd und Stein,
Nun Euer totes Mütterlein. ”

Da steht der Krieger lang und schweigt,
Das Haupt hinab zur Brust geneigt;

Er steht und starrt zum teuren Grab
Mit tränenfeuchtem Blick hinab.

Dann schüttelt er sein Haupt und spricht :
“ Ihr irrt, hier wohnt die Tote nicht.

Wie schlöss' ein Raum, so eng und klein,
Die Liebe einer Mutter ein ? ”

J. Nepomuk Vogl.

§ 22. — Das Tränenkrüglein.

Eine Mutter hatte ihr einziges Kind verloren. Nun war sie allein auf der ganzen Gotteserde. Da erfasste sie ein namenloser Schmerz, und sie ass nicht und trank nicht und weinte Tag und Nacht und rief nach ihrem Kinde.

Wie sie nun in der Nacht da sass, da ging leise die Tür auf, und die Mutter schrak zusammen; denn vor ihr stand ihr gestorbenes Kind. Das war ein Engelein geworden. Es trug aber in seinen Händen ein Krüglein, das war fast übervoll. Und das Kind sprach : « O lieb Mütterlein, weine nicht mehr um mich ! Sieh, in diesem Krüglein sind deine Tränen gesammelt, die du um mich vergossen hast. Wenn du nur noch eine Träne um mich weinst, so wird das Krüglein überfliessen und ich werde dann keine Ruhe haben im Grabe und keine Seligkeit im Himmel. Darum, o lieb Mütterlein, weine nicht mehr um dein Kind; denn dein Kind ist wohl aufgehoben und Engel sind seine Gespielen. »

Damit verschwand das tote Kind, und die Mutter weinte hinfort keine Träne mehr, um des Kindes Grabesruhe und Himmelsfrieden nicht zu stören.

Nach Bechstein.

V. Dorf und Feldarbeiten.

§ 23. — Beschreibung des Dorfes (nach dem 6. Wandbild).

Auf dem Lande wohnen die Menschen in Dörfern. Dieses Bild zeigt uns ein Dorf; darin wohnen Bauern. Dieses Dorf liegt auf dem Abhang eines Hügels. Ganz oben, auf dem Gipfel des Hügels, sehen wir ein Schloß am Rande eines Waldes. In der Nähe des Schlosses befindet sich die Kirche mit dem Friedhof (Kirchhof); die Kirche hat einen Turm : das ist der Kirchturm. Oben auf dem Kirchturm ist ein Wetterhahn, der die Richtung des Windes angibt.

In der Kirche hält der Pfarrer die Messe oder den Gottesdienst ab.

* * *

Mitten durch das Dorf zieht sich eine krumme Straße. Auf beiden Seiten der Straße stehen niedrige Bauernhäuser mit Stroh= oder Ziegeldächern. Diese Häuser stehen nicht dicht an einander wie in der Stadt; zwischen denselben sind Gärten mit einem Zaun umgeben. Längs der Straße fließt ein Bach. An den Ufern dieses Baches wachsen Weidenbäume und Schilf. Über den Bach führt eine Brücke und ein Steg. Am Bach steht eine Mühle. Das Mühlrad wird vom Wasser des Baches getrieben. Hohe Pappeln ragen über die Mühle empor. Vor der Mühle befindet sich der Wagen des Müllers, der mit Säcken voll Mehl beladen ist.

* * *

Am Eingang des Dorfes sehen wir eine Herde Schafe und Ziegen auf der Weide. Bei den Schafen steht ein Schäfer, ein Hirtenknabe, der sich auf seinen Hirtenstab stützt. Er spricht mit einem Bauern. Dieser ist wahrscheinlich sein Herr, ein Bauergutsbesitzer.

§ 24. — Die Aussaat.

Dieses Bild stellt die Feldarbeiten im Herbst dar. Der Himmel ist etwas trübe. Die Sonne scheint nicht mehr so warm wie im Sommer. Eine Schar Vögel zieht über den Himmel hin. Es sind Zugvögel, welche nach wärmeren Ländern ziehen. Die obersten Aeste der Bäume sind bereits entblättert; das übrige Laub ist gelb und wird nach und nach auch abfallen. Am Horizont zieht sich eine lange Hügellinie, an deren Fusse eine weite Ebene mit Stoppelfeldern liegt. Von vorn nach hinten erstreckt sich ein langer, breiter Acker, worauf mehrere Bauern arbeiten. Rechts steht ein Bauernhof. Ueber dem Dache dieses Hofes fliegen Schwalben umher; sie versammeln sich zum Abschied.

*   *   *

Die Bauern bestellen das Feld. Links ist ein grosses, weisses Pferd (ein Schimmel), das einen Pflug zieht. Ein Bauer hält den Pflug mit beiden Händen; er zieht Furchen. Vorn ist ein zweiter Bauer. Dieser trägt eine Schürze oder einen Sack; er nimmt das Saatkorn aus der Schürze heraus und streut es auf die Erde; er sät das Korn; er besät den Acker. Etwas weiter rechts ist ein dritter Bauer. Er führt ein Pferd, das eine Egge zieht, um den Acker zu eggen; er eggt das Saatkorn ein.

*   *   *

Am Eingang des Hofes, vor dem grünen Tor, befindet sich eine Bäuerin, diese schiebt einen Schubkarren vor sich her. Darin ist Gemüse, das sie geerntet hat, wahrscheinlich Kartoffeln, weisse, gelbe oder rote Rüben. Sie fährt das Gemüse in den Keller.

Im Hintergrund sehen wir noch einen Kuhhirten, der Feuer angezündet hat, weil es im Herbst feucht und frostig ist. Nicht weit von ihm steht eine Maschine, welche das Korn ausdrischt : es ist eine Dreschmaschine.

Spruch : Gebrauchter Pflug blinkt,
Stehend Wasser stinkt.

§ 25. — Das Riesenspielzeug.

Auf einem hohen Berge im Elsass liegt die Burg Nideck, worin vor langen, langen Jahren Riesen wohnten. Eines Tages kam das Riesenfräulein von dem Berge herab und ging in das Tal. Hier sah sie einen Bauern, der mit seinen beiden Pferden den Acker pflügte. So etwas hatte die Riesentochter noch nie gesehen. " Ei, sprach sie, und ging herzu, das nehme ich mit. " Da kniete sie nieder, breitete ihre Schürze aus und raffte den Mann, die Pferde und den Pflug hinein. Dann eilte sie auf die Burg zurück und setzte alles vor ihren Vater auf den Tisch. « Sieh einmal, lieber Vater, sprach sie, was für schöne Spielsachen ich unterwegs gefunden habe! " Und sie freute sich gar sehr, klatschte in die Hände und sprang lachend um den Tisch herum. Aber der Vater Riese machte ein sehr ernstes Gesicht und sagte zu seiner Tochter : "Das ist kein Spielzeug, mein Kind. Wenn die Bauern das Feld nicht bestellten, so müssten wir bald vor Hunger sterben. Drum nimm sogleich die kleinen Geschöpfe wieder in die Schürze und bringe sie an den Ort, wo du sie weggenommen hast. " Das Fräulein weinte und wollte anfangs nicht, aber es musste doch seinem Vater gehorchen.

§ 26. — **Der Bauer fät das Korn** (Satzreihe).

Präfens.	Präterit.	Partizip.
1. Der Bauer geht auf den Acker.	ging	gegangen
2. Er zieht Furchen mit dem Pflug.	zog	gezogen
3. Er bringt einen Sack Korn nach dem Acker.	brachte	gebracht
4. Er schüttet das Korn in seine Schürze.	schüttete	geschüttet
5. Er nimmt eine Handvoll Korn heraus.	nahm	genommen
6. Er streut es in die Furchen.	streute	gestreut
7. Er eggt den Acker.	eggte	geeggt
8. Er fährt mit der Walze über den Acker.	fuhr	gefahren

Spruch : Ein frohes und gesundes Blut
Ist besser als viel Geld und Gut.

§ 27. — Der Bauer und der Teufel.

Eines Tages hatte ein Bauer seinen Acker bestellt. Er wollte nach
Hause zurückkehren, als es schon Nacht war. Da erblickte er mitten auf
seinem Acker einen Haufen feuriger Kohlen. Er ging hinzu und sah einen
kleinen schwarzen Teufel, der auf dem Feuer sass. '' Du sitzest wohl auf
einem Schatz '', sprach der Bauer. '' Ja wohl '' antwortete der Teufel, '' auf
einem Schatz, der mehr Gold und Silber enthält als du dein Lebtag
gesehen hast. '' — '' Der Schatz liegt auf meinem Feld und gehört mir '',
sprach der Bauer. — '' Er ist dein '', antwortete der Teufel, '' wenn du
mir zwei Jahre lang die Hälfte von dem gibst, was dein Acker hervor-
bringt. ''

Der Bauer ging auf den Handel ein und sprach zum Teufel : '' Dir soll
gehören, was über der Erde ist und mir, was unter der Erde ist. '' Dem
Teufel gefiel das. Aber der listige Bauer hatte Rüben gesät. Als nun die
Zeit der Ernte kam, erschien der Teufel und wollte seine Frucht holen.
Er fand aber nichts als die gelben, welken Blätter, und der Bauer, ganz
vergnügt, grub seine Rüben aus. '' Diesmal hast du den Vorteil gehabt, ''
sprach der Teufel, '' aber für das nächste Mal sollst du bekommen, was
über der Erde wächst, und ich was darunter ist. '' — '' Mir ist es auch
recht '' antwortete der Bauer. Aber im Herbst säte der Bauer nicht
wieder Rüben, sondern Weizen. Im Sommer schnitt der Bauer die Aehren
bis zur Erde ab. Als der Teufel kam, fand er nichts als die Stoppeln.
Da fuhr er wütend in eine Felsenschlucht hinab. Der Bauer aber lachte,
ging hin und holte sich den Schatz.

Nach GRIMM.

VI. Die Weinlese.

§ 28. — Beschreibung des Weinberges (nach dem 4. Bilde).

Im Herbst pflückt der Bauer das Obst, Äpfel, Birnen und Nüsse. In warmen Gegenden wird Weinlese gehalten. Unser Bild stellt die Weinlese vor.

Links erhebt sich ein sonniger Hügel, worauf Obstbäume stehen. Am Fuße dieses Hügels erstreckt sich ein Weinberg. Darin stehen Weinstöcke in langen Reihen neben einander; sie sind an Pfähle gebunden. An den Zweigen der Reben hängen schwarze Trauben; sie sind reif. Längs des Weinbergs zieht sich ein Feldweg hin, der ihn von einem Haus trennt.

* * *

Im Weinberg sind Männer und Frauen. Mit scharfen, krummen Messern schneiden sie die Trauben ab, sie lesen sie : es sind Weinleser und Weinleserinnen (Winzer und Winzerinnen). Sie halten Weinlese. Sie tun die Trauben in Bütten und Körbe. Auf dem Weg sind Männer, welche gefüllte Bütten zu einer großen Kufe tragen. Diese steht am Eingang eines hohen, gewölbten Kellers. An der Kufe stehen zwei Leitern, worauf die Träger steigen, um die Bütten in die Kufe zu leeren. Dann fährt man die Kufen zu einer Weinpresse oder Kelter, die sich in einem Schoppen an dem Hause befindet. Zwei starke Männer drehen die Kelter, um die Trauben auszupressen; der süße Saft oder Most läuft unten in einen Kübel. Der Most wird dann in Fässer gefaßt, die im Keller liegen.

* * *

Alle Weinleser sind sehr beschäftigt. Kaum bemerken sie einen Hasen, der aus dem Weinberg über den Weg springt. Alle sind fröhlich und munter bei der Arbeit. Im ersten Stock des Hauses steht eine Magd; sie schaut zum Fenster heraus und ruft zur Mahlzeit.

§ 29. — Der Winzer hält Weinlese (Satzreihe).

Präsens.	Präterit.	Partizip.
1. Der Winzer geht in den Weinberg.	ging	gegangen
2. Er schneidet die Trauben ab.	schnitt	geschnitten
3. Er tut die Trauben in einen Korb.	tat	getan
4. Er leert den Korb in die Bütte.	leerte	geleert
5. Er trägt die gefüllte Bütte zu der Kufe.	trug	getragen
6. Er schüttet die Trauben in die Kufe hinein.	schüttete	geschüttet
7. Er drückt den Saft aus.	drückte	gedrückt
8. Er gießt den Saft in die Fässer.	goß	gegossen

Handwerker: Ein Mann, der Kufen und Fässer verfertigt, heißt Böttcher.
Der Korbmacher macht Körbe und Bütten aus Weidenruten.

§ 30. — Der Weinberg.

Ein Vater sagte auf seinem Sterbebette zu seinen drei Söhnen :
"Liebe Kinder, ich kann euch nichts zurücklassen, als diese unsere
Hütte und den Weinberg daran, in dem aber ein Schatz verborgen liegt.
Grabt fleissig in dem Weinberge, so werdet ihr den Schatz finden. "

Nach dem Tode des Vaters gruben die Söhne den ganzen Weinberg
mit dem grössten Fleisse um, fanden aber weder Gold noch Silber. Dagegen brachte der Weinberg, weil sie ihn so fleissig bearbeitet hatten,
eine viel grössere Menge Trauben hervor als sonst, und sie lösten dafür
noch einmal so viel Geld.

Nun verstanden die Söhne, was ihr seliger Vater mit dem Schatze
gemeint hatte.

Die rechte Goldgrub, ist der Fleiss.

Christoph von Schmid.

§ 31. — Rheinsage.

Am Rhein, am grünen Rheine,
Da ist so mild die Nacht,
Die Rebenhügel liegen
In goldner Mondenpracht.

Und an den Hügeln wandelt
Ein hoher Schatten her
Mit Schwert und Purpurmantel,
Die Krone von Golde schwer.

Das ist der Karl, der Kaiser,
Der mit gewaltiger Hand
Vor vielen hundert Jahren
Geherrscht im deutschen Land.

Er ist heraufgestiegen
Zu Aachen aus der Gruft
Und segnet seine Reben
Und atmet Traubenduft.

Bei Rüdesheim, da funkelt
Der Mond ins Wasser hinein
Und baut eine goldene Brücke
Wohl über den grünen Rhein.

Der Kaiser geht hinüber
Und schreitet langsam fort,
Und segnet längs dem Strome
Die Reben an jedem Ort.

Dann kehrt er heim nach Aachen
Und schläft in seiner Gruft,
Bis ihn im neuen Jahre
Erweckt der Trauben Duft.

EMMANUEL GEIBEL.

§ 32. — Sprichwörter.

1. Böse Gesellschaften verderben gute Sitten.
2. Gesundheit ist der grösste Reichtum.
3. Hunger ist der beste Koch.
4. Naschen macht leere Taschen.
5. Leiden währt nicht immer,
   Ungeduld macht's schlimmer.
6. Frage nicht was andre machen,
   Acht' auf deine eignen Sachen.
7. " Morgen, morgen, nur nicht heute
   Sprechen immer träge Leute.

VII. Die Jagd.

§ 33. — Der Jäger (nach dem 4. Bild).

Unser Bild zeigt uns die Jagd im Herbste.

Am Horizont sieht der Himmel rosenrot aus. Links erhebt sich ein sanfter Hügel. In der Mitte sind Stoppelfelder und Wiesen. Hier und da stehen Gebüsche und Bäume mit gelben Blättern.

* * *

Im Vordergrund sehen wir einen kräftigen Jäger im Jagdanzug. Er trägt einen Filzhut, eine braune Jacke, grüne Hosen, ein Paar Gamaschen und dicke Schuhe. Über der Schulter hat er eine Jagdtasche hängen und um den Leib einen Gürtel. Vor dem Jäger steht sein Hund, ein Jagdhund. Dieser hat Rebhühner gewittert: er steht. Die Rebhühner sind aufgeflogen. Der Jäger hat sofort seine Flinte angelegt. Er feuert ab und schießt ein Feldhuhn; dieses fällt zur Erde. Die anderen Hühner, welche er nicht getroffen hat, fliegen davon.

* * *

Der Jäger ist nicht allein. Er hat einen Begleiter, einen Burschen mit blauem Kittel; dieser trägt einen Hasen, den der Jäger schon erlegt hat. Es ist also ein sehr geschickter Jäger. Etwas weiter, rechts sehen wir noch andere Jäger mit ihren Hunden. Sie durchstreifen die Felder und suchen nach Wild. Zum Wild gehören das Reh, der Hirsch und das Wildschwein. Sie leben im Walde. Der Fuchs und der Wolf fressen andere Tiere, es sind Raubtiere.

Rätsel: Auf einem Baume sitzen zehn Sperlinge. Ich schieße einen herunter. Wieviel bleiben sitzen?

§ 34. — Der Jäger schießt ein Rebhuhn (Satzreihe).

Präsens.	Präterit.	Partizip.
1. Der Jäger geht auf das Feld.	ging	gegangen
2. Er ladet seine Flinte mit Schrot.	lud	geladen
3. Sein Hund sucht nach Wild.	suchte	gesucht
4. Er wittert eine Kette Rebhühner.	witterte	gewittert
5. Er steht.	stand	gestanden
6. Die Hühner fliegen auf.	flog	geflogen
7. Der Jäger legt seine Flinte an.	legte	gelegt
8. Er zielt auf die Rebhühner.	zielte	gezielt
9. Er drückt ab.	drückte	gedrückt
10. Der Schuß geht los.	ging	gegangen
11. Er trifft ein Huhn.	traf	getroffen
12. Das Huhn fällt zur Erde.	fiel	gefallen

§ 35. — Jägerlied.

I	II
Im Wald und auf der Heide,	Trag' ich in meiner Tasche
Da such' ich meine Freude,	Ein Trünklein in der Flasche,
Ich bin ein Jägersmann.	Zwei Bissen liebes Brot,
Den Wald und Forst zu hegen,	Brennt lustig meine Pfeife,
Das Wildpret zu erlegen,	Wenn ich den Forst durchstreife,
Mein' Lust hab' ich daran!	Da hat es keine Not.
Halli, Hallo, Halli, Hallo!	Halli, Hallo, Halli, Hallo!
Mein' Lust hab' ich daran!	Da hat es keine Not.

III

Das Huhn im schnellen Fluge,
Die Schnepf' im Zickzackzuge
Treff' ich mit Sicherheit.
Die Sauen, Reh' und Hirsche,
Erleg' ich auf der Birsche,
Der Fuchs lässt mir sein Kleid.
Halli, Hallo, u. s. w.

§ 36. — Humoristisches.

Junge Frau : '' Womit hast du den prächtigen Hasen geschossen? ''
Mann : '' Na, mit der Flinte! ''
Junge Frau : '' Aber hier steckt ja noch der Lappen im Lauf, den ich heute morgen hineingestopft habe. ''

Jägerlatein. — Ein Jäger erzählte von einem höchst merkwürdigen Schuss : '' Stellen Sie sich vor, meine Herren, ich schoss mit derselben Kugel einen Hirsch durch den rechten Hinterfuss und das rechte Ohr. '' — '' Aber, um Gotteswillen! '' rief einer der Anwesenden, '' wie ist denn das möglich? '' — '' Ganz einfach '', erwiderte der Jäger, '' der Hirsch kratzte sich eben hinter dem Ohr, als ich ihn schoss. ''

VIII. Der Wald im Herbst.

§ 37. — **Beschreibung des Waldes** (nach dem 4. Bild).

Im Herbst ist der Wald mit den buntesten Farben geschmückt und ist fast ebenso schön wie im Frühling. Das Laub der Eichen, der Buchen und der Birken hat sich gefärbt. Einige Bäume haben rotes, andere braunes, wieder andere gelbes Laub. Ihre roten Blätter fallen zu Boden und bilden eine dichte Decke. Nur die Tannen sind immer noch grün.

* * *

Im Herbst ertönt der Wald von lautem Hörnerklang, vom Gebell der Jagdhunde, von dem Knall der Flinten. Hin und wieder erklingen die Axtschläge der Holzhauer, welche Bäume fällen. Auf unserem Bilde sehen wir einen Holzhauer rechts und weiter hinten einen Arbeiter, der Kohlen brennt: es ist der Köhler oder Kohlenbrenner.

* * *

Ganz vorn steht eine alte Frau mit ihrer Tochter; beide sammeln dürres Holz; sie brechen Äste mit dem Fuß und machen Reisigbündel, welche sie dann auf dem Rücken nach Hause tragen, um sich im Winter zu wärmen. Die Frau hat Tritte gehört; sie richtet den Kopf auf, sie sieht einen Mann kommen. Dieser trägt eine grüne Kleidung; eine Flinte hängt über seiner rechten Schulter und eine Jagdtasche an der rechten Seite. Er führt die Aufsicht über den Forst: es ist der Förster.

Dieser ist sehr streng gegen Leute, welche während der Nacht das Wild des Waldes schießen, ohne daß sie eine Erlaubnis oder einen Jagdschein haben; das sind die Wilddiebe. Gegen die armen Leute ist der Förster nachsichtig, sie dürfen aber kein grünes Holz aus dem Walde stehlen.

§ 38. — **Der Holzhauer fällt einen Baum** (Satzreihe).

Präsens.	**Präterit.**	**Partizip.**
1. Der Holzhauer geht an den Baum.	ging	gegangen
2. Er faßt seine Axt beim Stiel.	faßte	gefaßt
3. Er schwingt sie in die Höhe.	schwang	geschwungen
4. Er haut damit in den Stamm.	hieb	gehauen
5. Der Baum fällt auf den Boden.	fiel	gefallen
6. Der Holzhauer schneidet die Zweige ab.	schnitt	geschnitten
7. Er sägt den Stamm mit der Säge entzwei.	sägte	gesägt
8. Er spaltet die Stücke.	spaltete	gespalten
9. Er setzt die Holzscheite zu Haufen zusammen.	setzte	gesetzt

§ 39. — Die drei Aexte.

Ein armer Holzhauer wollte Weiden fällen, die dicht an dem Ufer eines tiefen Flusses standen. Aber gleich beim ersten Hiebe glitt die Axt vom Stiele und flog ins Wasser. Da jammerte der Holzhauer : " Ach, ich armer Mann! Womit soll ich nun meinen hungrigen Kindern Brot verdienen! " Plötzlich rauschte ein Greis mit schneeweissem Barte und himmelblauen Augen aus dem Wasser empor. Er hielt eine silberne Axt in die Höhe und fragte : " Ist das deine Axt? " Der arme Mann weinte und jammerte : " Ach nein, das ist nicht die rechte! " Da holte der Greis eine goldene Axt aus dem Wasser hervor und fragte : " Das ist wohl die rechte? " Der Holzhauer aber sagte : " Nein, das ist die rechte auch nicht! " Da tauchte der Greis zum drittenmal unter und holte eine eiserne Axt aus dem Wasser hervor. Als die der arme Mann sah, rief er voller Freude : " Ja, das ist die rechte! Das ist meine Axt! " Erfreut sprach der Greis : " Nimm sie alle drei! Sie sollen der Lohn für deine Ehrlichkeit sein! " Mit diesen Worten warf er ihm die eiserne, die silberne und die goldene Axt ans Ufer.

Spruch : Ehrlich währt am längsten.

§ 40. — Spätherbst.

<table>
<tr><td align="center">I</td><td align="center">II</td></tr>
<tr><td>
Durch die Wälder, durch's Gesträuch
Kalte Nebel streichen,
Und es hängen, Tränen gleich,
Tropfen an den Zweigen :
</td><td>
Müde Tränen, wie dem Kind
An den Wimpern blinken,
Wenn die Glieder schlaffer sind
Und in Schlummer sinken.
</td></tr>
</table>

III

Müde weint auch ihr im Traum,
Bäume rings im Walde;
Betten wird in weissen Flaum
Euch der Winter balde.

CH. SCHWEITZER.

Zweiter Teil.

Der Winter. — Gewerbe in der Stadt und im Dorf.

I. — Beschreibung des Winters.

II. — Die Not im Winter.

III. — Winterfreuden.

IV. — Der Winter im Dorf.

V. — Gewerbe in der Stadt und im Dorf.

VI. — Die Stadt und das Dorf als Gemeinde.

Grammatik : Satzbau und Satzgefüge.

Der Winter.

I. Beschreibung des Winters.

§ 41. — Der Winter (nach dem 4. Bilde; 1. und 3. Scene).

Nach dem Kalender beginnt der Winter am 21. Dezember und ist am 21. März zu Ende. Oft aber tritt der Winter früher ein.

Der Winter ist die kälteste Jahreszeit. Wenn der Himmel hell ist, so bläst der rauhe Nordwind; das Wasser friert zu Eis. Bäche, Flüsse, Teiche und Seen überziehen sich mit einer harten Decke. An den Dächern und Brunnen hängen lange Eiszapfen. Die Bäume sind mit Reif bedeckt.

Wenn der Himmel trübe ist, so gibt es Nebel, Regen und Schnee. Wird aber die Luft gelind, so taut es; der Schnee schmilzt, das Eis zerrinnt zu Wasser: es ist Tauwetter.

Auf dem Felde ist alles öde und still. Die Bäume haben keine Blätter mehr; sie sind kahl; sie sind entlaubt. Die Blumen sind verblüht. Es ist kein Ackersmann zu sehen. Die Vögel sind fortgezogen, nur Spatzen und Rotkehlchen fliegen vor das Fenster und bitten um ein bischen Brot. Über die schneebedeckten Felder fliegen die Raben.

§ 42. — Satzbau: Hauptsatz mit einem Verb in einfacher Form.

I. Hauptsatz mit direkter Wortfolge.

Merksätze.

Subjekt.	Verb.	Ergänzungen.
Die Blumen	verblühen	im Herbst.
Der Winter	beginnt	am 21. Dezember.
Das Wasser	friert	zu Eis.
Die Vögel	ziehen	im Herbst fort.
Der Greis	rauschte	aus dem Wasser empor.
Der Jäger	legte	seine Flinte an.

Anmerkungen: I. Die Partikeln (**fort, empor, an,** u. s. w.) sind eigentliche Ergänzungen; sie nehmen im Satz immer dieselbe Stelle ein, nämlich die der letzten Ergänzung. Sie haben immer den Hochton [1].

---

1. Die hauptsächlichsten (trennbaren) Partikeln sind : **ab, an, auf, aus, bei, entgegen, ein, mit, nach, vor, empor, zu, dar, — hin, her** (hinab, herauf, u. s. w.), **fort, nieder, weg, vorüber, zurück, zusammen,** u. s. w.

II. Die Partikeln **be, emp, ent, er, ge, hinter, miß, ver, wider, zer** werden nie von dem Verb getrennt; sie sind untrennbar : Der Winter beginnt; die Blumen verblühen. Diese Partikeln sind unbetont.

II. Hauptsatz mit indirekter Wortfolge (Inversion).

Merksätze.

Erste Ergänzung.	Verb.	Subjekt.	Andere Ergänzungen.
Im Herbst	verblühen	die Blumen	
Nach dem Kalender	beginnt	der Winter	am 21. Dezember.
Im Winter	friert	das Wasser	zu Eis.
Im Herbst	ziehen	die Vögel	fort.
Plötzlich	rauschte	der Greis	aus dem Wasser empor.
Schnell	legte	der Jäger	seine Flinte an.

Anmerkung : Wenn im Hauptsatz eine Ergänzung am Anfang des Satzes steht, so tritt das Subjekt hinter das Verb (Inversion).

Übungen.

I. Suche aus den bisher gelesenen Stücken :
1° Die Hauptsätze mit direkter Wortfolge heraus;
2° Die Hauptsätze mit indirekter Wortfolge;
3° Die Verben mit trennbaren Partikeln;
4° Die Verben mit untrennbaren Partikeln.

II. Bilde Sätze mit Inversion aus folgenden direkten Sätzen :
Der Winter tritt oft vor dem 21. Dezember ein. — Der rauhe Nordwind bläst im Winter. — Das Wasser friert im Winter zu Eis. — Die Vögel fliegen im Herbst fort.
Bilde selbst ähnliche Sätze.

III. Bilde Sätze mit Inversion auf folgende Fragen :
Wann überziehen sich Bäche und Flüsse mit einer harten Decke? — Wann fliegen die Vögel fort? — Wo hängen lange Eiszapfen? — Womit sind die Bäume im Winter bedeckt? — Wo ist alles öde und still? — Wohin fliegen die Spatzen und Rotkehlchen? — Um was bitten die Vögelein? u. s. w.

§ 43. — Der erste Schnee.

" Grossmütterchen, es schneit so sehr!
Schau, wie die Flocken jagen!
Wo kommt denn all der Schnee nur her? "
— " Das will ich, Kind, dir sagen.

Frau Holle schüttelt die Betten aus
Vom Himmelsfenster droben.
Frau Holle hat ein grosses Haus
Dort zwischen den Wolken droben.

Drin glänzet alles schmuck und nett
Wie lautrer Silberschimmer,
Es steht ein grosses, grosses Bett
Da in Frau Holles Zimmer,

Mit klaren Linnen lässt gar fein
Ihr Bett Frau Holle schmücken :
Die Daunen sind so weiss und rein
Als wie von Schwanenrücken.

Und hat sie morgens ihren Schlaf
Aus ihren Augen gerieben,
Dann schüttelt sie die Betten brav,
Dass rings die Federn stieben.

Dann deckt sie rings die Felder zu
Mit weisser Federn Wolle ;
Die schlafen dann in süsser Ruh!
Schön Dank dafür, Frau Holle. "

RUDOLF LÖWENSTEIN.

II. Die Not im Winter.

§ 44. — Die armen Leute im Winter (nach dem 4. Bild, Recto, 1. Scene).

Dieses Bild zeigt uns arme Leute im Winter. Der Winter scheint sehr streng zu sein. (Beschreibe die Landschaft.) Links am Wege steht ein Bauernhaus, dessen Strohdach unter dem Schnee verschwindet. Ein alter Mann und eine alte Frau sind vor dem Haus stehen geblieben. Die Frau steckt die Hände unter ihre Schürze, um sie vor der Kälte zu schützen. An den Füßen hat sie Holzschuhe, die in den Schnee einsinken. Der Mann trägt alte, zerlumpte Kleider; er hat ein hageres Gesicht und einen struppigen Bart; er stützt die linke Hand auf einen dicken Stock. Eine Bäuerin mit ihrem Töchterchen ist heraus gekommen. Die armen Leute klagen der Bäuerin ihre Not und bitten sie um ein Almosen; sie betteln, es sind Bettler. Das Mädchen schenkt dem Bettler ein Stück Brot und ein Kleid. Währenddessen spricht die Bäuerin mit den Bettlern; sie sagt ihnen gute Worte; sie tröstet sie. Die Bettler sehen dieselbe dankbar an; sie danken ihr für ihre Mildtätigkeit. Dann gehen sie weiter von Haus zu Haus. Arme Leute!

> *Spruch* : Hast du genug und Ueberfluss,
> So denk an den, der darben muss.

§ 45. — Der Vogel am Fenster.

An das Fenster klopft es pick! pick!
" Macht mir doch auf einen Augenblick!
Dicht fällt der Schnee, der Wind geht kalt,
Habe kein Futter, erfriere bald.
Liebe Leute, o lasst mich ein!
Will auch immer recht artig sein. "

Sie liessen ihn ein in seiner Not,
Er suchte sich manches Krümchen Brot,
Blieb fröhlich manche Woche da.
Doch als die Sonne durchs Fenster sah,
Da sass er immer so traurig dort.
Sie machten ihm auf — husch! war er fort.

HEY.

§ 46. — **Uebung.**

Suche aus dem Stück : **die armen Leute** die Hauptsätze mit direkter und indirekter Wortfolge heraus.

§ 47. — Der Winter auf dem Sankt-Bernhard.

Ueber den grossen Sankt-Bernhard führt ein Weg aus Wallis nach Italien. Ganz oben steht das Kloster des heiligen Bernhard in einem öden Felsentale. Rings umher stehen hohe Berge, die ewiger Schnee bedeckt. In diesem Kloster wohnen zehn bis zwölf fromme Mönche, welche die Reisenden unentgeltlich bewirten und ihnen alle Hilfe gewähren. Der Winter dauert dort acht bis neun Monate; Schnee, Nebel, Ungewitter und Schneelawinen machen den Weg sehr gefährlich. Dann streifen diese Mönche oder ihre Diener täglich umher, um Verirrte aufzusuchen oder Versunkene zu retten.

Gewöhnlich nehmen sie grosse Hunde mit. Manchmal gehen diese Hunde auch allein aus. Sobald der Hund einen Verunglückten ausgewittert hat, kehrt er schnell zu seinem Herrn zurück, bellt und springt an ihm hinauf, bis dieser mit ihm kommt. Oft hängt man diesen Hunden ein Fläschchen mit Branntwein oder Wein und ein Körbchen mit Brot um den Hals, um es einem ermüdeten Wanderer anzubieten.

Der berühmteste unter diesen Hunden hiess Barry; er allein hat mehr als vierzig Menschen das Leben gerettet. Als er alt und kraftlos war, sandte ihn der würdige Prior nach Bern, wo er starb und in dem Museum aufgestellt wurde.

Nach H. O. Lenz, gekürzt.

§ 48. — **Satzbau : Fragesatz. Ja= und Neinfragen.**

Merksätze.

Führt ein Weg über den großen Sankt=Bernhard ? — Steht eine Wohnung auf dem Berge ? — Sind die Berge mit Schnee bedeckt ? — Nehmen die Mönche ihre Hunde mit ?

Anmerkung : Ja= und Neinfragen beginnen mit dem Verb.

Uebung : Bilde Ja= und Neinfragen über die einzelnen Sätze des obigen Textes.

§ 49. — Krankheiten.

Die Kälte und die Feuchtigkeit des Winters erzeugen oft Krankheiten. Wenn man sich erkältet, so bekommt man Fieber, Halsschmerzen, Schnupfen und Husten; und wenn man sich nicht pflegt, so können gefährliche Krankheiten daraus entstehen, z. B. eine Lungenentzündung. Epidemische Krankheiten sind solche, die viele Personen zugleich befallen, wie die Grippe, die Influenza, das Nervenfieber. Masern und Scharlachfieber kommen meistens nur bei Kindern vor; deshalb nennt man sie Kinderkrankheiten; diese Krankheiten sind ansteckend.

Wenn man krank ist, so schickt man nach dem Arzt. Dieser verschreibt eine Arznei oder ein Rezept auf einen Zettel, welcher zum Apotheker getragen wird. Der Apotheker macht die Arznei (oder Medizin), die dann der Kranke einnimmt. Wirkt die Medizin, so wird der Kranke wieder gesund.

Wunden werden von dem Wundarzt geheilt; Zahnschmerzen vom Zahnarzt. Kann ein Zahn nicht mehr geheilt werden, so reisst ihn der Zahnarzt aus.

Die Extraneer werden in ihrer Familie gepflegt; die Pensionäre im Lazarett des Gymnasiums.

Leute, welche zu arm sind, um die Besuche des Arztes zu bezahlen, werden in Krankenhäuser oder Spitäler aufgenommen. Dort werden sie unentgeltlich von Krankenpflegern oder Krankenpflegerinnen gepflegt.

Ein Arzt, der Tiere heilt, heisst Tierarzt.

Uebung : Bilde Ja= und Neinfragen mit den einzelnen Sätzen des obigen Textes.

§ 50. — Sprichwörter.

1. Jedes Ding hat Zeit und Ziel,
   Erst die Arbeit, dann das Spiel.

2. Ordnung halt' und liebe sie,
   Sie erspart dir manche Müh.

3. Einem Lügner glaubt man nicht,
   Wenn er auch die Wahrheit spricht.

III. Winterfreuden.

§ 51. — Der Weihnachtsabend.

Das war ein Jubel als der Vater endlich die Tür aufmachte, und die Kinder in das hellerleuchtete Zimmer eintraten! Auf dem Tische stand der Weihnachtsbaum mit vielen brennenden Kerzen. Rings umher lagen die wunderschönen Sachen, die der heilige Christ jedem der Kinder beschert hatte : für Anna ein Nähkasten und eine prächtige Puppe, die in einem hübschen Wagen sass; für Minchen eine andere Puppe in einer Puppenstube mit niedlichen Möbeln, wie für eine Prinzessin eingerichtet; der kleine Max bekam ein Schaukelpferd und eine Trompete, Fritz eine Soldatenrüstung und eine Trommel; auf einem besondern Tisch lagen andere Geschenke, die allen Kindern gemeinschaftlich gehören sollten, zur Unterhaltung an den langen Winterabenden : ein Domino, ein Lottospiel, ein Kasperletheater, eine magische Laterne, und wunderschöne Bilderbücher mit allerlei hübschen Geschichten und Märchen.

***

Wie sich nun das kleine Volk freute und den Eltern dankte, kamen unvermerkt der kleine Ludwig und die kleine Karoline, die armen Nachbarskinder, zur Türe hereingeschlichen. Ihnen hatte der heilige Christ nichts gebracht; denn ihre Eltern waren arm; darum blieben sie auch ganz traurig in der Ecke stehen, und die Tränen standen ihnen in den Augen.

***

Anna bemerkte sie und hatte Mitleid mit ihnen. Schnell ging sie zur Mutter und flüsterte ihr etwas ins Ohr. " Von Herzen gern erlaube ich es dir ", sagte die Mutter und küsste das gute Kind. Und Anna nahm ihre Puppe und brachte sie der armen Karoline : " Siehst du, Karoline, das hat das Christkind dir beschert. " Und wie Max das sah, gab er dem kleinen Ludwig seine Trompete, und jedes der andern Kinder gab ihnen etwas, und die Mutter schenkte ihnen noch ein Körbchen voll Nüsse, Aepfel und Pfefferkuchen. Die armen Kinder dankten schön und waren noch nie so glücklich gewesen wie heute.

Wer aber noch glücklicher war, das waren die reichen Kinder. Denn geteilte Freude ist doppelte Freude.

§ 52. — Satzbau : W= Fragen.

Merksätze.

Frage nach dem Subjekt : Wer öffnete die Tür? — Wer trat in das Zimmer? — Wer hatte die wunderschönen Sachen beschert? — Was stand auf dem Tische? — Welcher Mann öffnete die Tür? — Welche Dinge lagen auf dem Tisch?

Frage nach dem Objekt : Was öffnete der Vater? — Was hatte der heilige Christ beschert? — Was bekam der kleine Max? — Wen küßte die Mutter? — Welche Kinder hatte der heilige Christ nicht beschenkt?

Frage nach dem Dativ : Wem machte der Vater die Tür auf? — Wem hatte der heilige Christ einen Nähkasten beschert? — Wem dankten die Kinder? — Welchem Kinde hatte der heilige Christ ein Schaukelpferd beschert! — Welchen Kindern hatte er nichts beschert?

Frage nach dem Genitiv : Wessen Puppe war prächtig? — Wessen Kinder hatten zu Weihnachten nichts bekommen?

Anmerkung : In W= Fragesätzen steht das Wort, das mit **W** beginnt, an der Spitze, wenn keine Präposition vor dem Fragewort steht.

Uebung : Bilde ähnliche Fragen über die einzelnen Sätze der schon gelesenen Stücke.

§ 53. — Auf dem Eis : in Deutschland.

Berlin, den 15. Januar 1903.

Lieber Heinrich!

Ich will dir von einem Eisfest erzählen, dem ich dieser Tage beigewohnt habe. Dieses Jahr ist der Winter in Deutschland sehr streng. Seit mehreren Wochen liegt tiefer Schnee. Auf allen Landstraßen fährt man Schlitten. Ein scharfer Nordwind saust über das Feld und es hat so stark gefroren, daß die Spree völlig zugefroren ist. Gestern zeigte das Thermometer 18 Grad unter Null.

***

Aber an dieser außerordentlichen Kälte haben die Schlittschuhläufer ihre Freude. Sie haben vorigen Sonntag ein Eisfest auf einem See in der Umgebung von Berlin veranstaltet. Eine große Menge Berliner hatten sich dort eingefunden. Wie fröhlich ging es zu!

Hier war ein Paar, das sich beim Schlittschuhlaufen bei den Händen hielt; dort ein Herr, der einen Schlitten vor sich her stieß, in dem eine Dame saß; ein Herr war so geschickt, daß er mit den Schlittschuhen seinen Namenszug auf das Eis zeichnen konnte. Andere, Herren und Damen, tanzten einen Reigen auf dem Eis. Indes wurden von Musikanten, wie auf einem Ball, lustige Tänze aufgespielt. Natürlich fielen auch manche, aber ohne sich weh zu thun.

*****

Knaben, die keine Schlittschuhe hatten, glitten auf der Eisbahn, oder machten einen Schneemann, oder warfen sich mit Schneebällen. In der Nähe der Eisbahn waren Buden aufgestellt, wo man sich warme Getränke, Kuchen, Butterbrödchen, Apfelsinen u. s. w. kaufen konnte.

Das Fest dauerte bis gegen Mitternacht. Endlich, als man müde war, zog jeder seinen warmen Mantel an, und man ging beim hellen Mondschein nach Hause. Vornehme Leute ließen sich in Schlitten abholen, und weithin hörte man das Schellengeklingel durch die Nacht.

Mit herzlichem Gruß,
Dein Freund
Karl.

§ 54. — Satzbau : W= Fragen mit Präpositionen.

Merksätze.

Von wem werden die Wunden geheilt?
In welchem Lande ist der Winter dieses Jahr sehr streng?
Nach wem schickt der Kranke?
Mit welchen Kindern hatte Anna Mitleid?
Zu wem ging sie?
Seit wieviel Wochen liegt tiefer Schnee?
Für wen stand ein Nähkasten auf dem Tisch?

Anmerkung. Die Präposition steht vor dem Wort, das mit **W** beginnt.

Uebung : Bilde ähnliche Fragen über einzelne Sätze aus den bisher gelesenen Stücken.

§ 55. — Mein liebstes Weihnachtsgeschenk.

Am Weihnachtstag habe ich ein Buch in schönem Einband mit Goldschnitt von meinen Eltern bekommen. Es ist eine Gedichtsammlung. Jedes Gedicht ist mit einem Kupferstich illustriert. Auf dem ersten Blatt steht der Name des Dichters, der die Gedichte verfaßt hat; es ist ein französischer Dichter, Victor Hugo. Meine Eltern haben mir versprochen, wenn ich fleißig deutsch lerne, mir nächstes Jahr auch deutsche Gedichte zu schenken, nämlich die Gedichte von Goethe und Schiller: diese sind die beiden größten deutschen Dichter. Hast du auch ein Buch zu Weihnachten bekommen? Was für ein Buch? Einen Roman, eine Geschichte oder eine Reisebeschreibung?

§ 56. — Das Buch (Gewerbe).

Der Papierfabrikant verfertigt das Papier aus alten Lumpen.
Der Schriftsteller schreibt das Buch.
Der Buchdrucker druckt Bücher in der Buchdruckerei.
Der Kupferstecher illustriert Bücher.
Der Buchbinder bindet die Bücher ein.
Der Buchhändler verkauft Bücher in der Buchhandlung.
Der Antiquar verkauft alte Bücher.
Der Bibliothekar stellt die Bücher in der Bibliothek auf.
Das Publikum liest Bücher und Zeitschriften in der Bibliothek.
Der Zeitungsverkäufer verkauft Zeitungen in den Buden.
Ein Deutscher, Gutenberg, hat die Buchdruckerkunst erfunden.

Uebung : Passive Form.

Sage mir also : Von wem wird das Papier verfertigt?
Von wem wird das Buch geschrieben?
u. s. w.

§ 57. — Satzbau : Frage nach dem Ort, der Zeit, der Art und Weise, der Quantität, dem Grunde.

Merksätze.

Ort :	Wo lagen die Weihnachtsgeschenke der Kinder?
	Woher kommt der Schnee?
	Wohin gehst du jeden Morgen um 8 Uhr?
Zeit :	Wann (an welchen Tagen) habt ihr Unterricht im Deutschen?
Art und Weise :	Wie bist du heute nach dem Gymnasium gekommen?
Quantität :	Wieviel Fenster siehst du in diesem Zimmer?
	Wie hoch, wie lang, wie breit ist dieses Schulzimmer?
	Wie alt bist du?
	Wie lange dauern dieses Jahr die Neujahrsferien?
Grund :	Warum standen den Nachbarskindern Tränen in den Augen?

Uebung : Bilde ähnliche Fragen über einzelne Sätze aus den bisher gelesenen Stücken.

§ 58. — Der Monat Januar.

Der erste Monat des Jahres heißt Januar. Er hat 31 Tage. Die Tage werden schon länger : sie nehmen zu; die Nächte nehmen ab. Die Sonne geht früher auf und später unter. Dieses Jahr ist am 6. das erste Mondviertel, am 13. Vollmond, am 20. das letzte Viertel; am 28. Neumond.

Der erste Januar fiel dieses Jahr (1903) auf einen Donnerstag. Die Feste in diesem Monat sind:

Am 1. Januar, Neujahr. An diesem Tage gratuliert man einander, man wünscht sich ein glückliches neues Jahr, man grüßt: „Prosit Neujahr!" Jung und Alt bekommen Geschenke. Zu Neujahr bekommen Schüler und Lehrer einige Tage Ferien, Neujahrsferien.

Der Abend des 31. Dezember heißt der Sylvesterabend.

Am 6. wird der Dreikönigstag gefeiert. Bei dieser Gelegenheit wird in Abend= gesellschaften ein Kuchen geteilt, in welchem eine Bohne versteckt ist. Derjenige, welcher die Bohne in seinem Stücke findet, wird zum Könige oder zur Königin ausgerufe≠

Am 28. wird in französischen Gymnasien das Karlsfest gefeiert. Die besten Schüler werden zu einem Festessen eingeladen. Zum Schlusse wird Champagner aufgetischt; Schüler und Lehrer stoßen mit einander an.

Karl der Große, wie wir schon gelesen haben, gründete viele Schulen in seinem Reiche. Deshalb wird auch sein Andenken in den Schulen gefeiert. Er starb am 28. Januar 814 zu Aachen.

§ 59. — Neujahrsbriefe. — Die Post.

Unsern entfernten Freunden und Verwandten schicken wir unsere Neujahrswünsche (Weihnachtsgrüsse) durch die Post: wir schreiben ihnen einen Brief, eine Postkarte, eine Ansichtskarte.

Auch kleine Geschenke können in Paketen auf der Post versandt werden. Sendungen von Wert oder Briefe, die Geld oder eine Postanweisung enthalten, werden eingeschrieben.

Ferner befördert die Post Zeitungen und Drucksachen. Alle diese Sendungen werden von dem Briefträger verteilt. Telegraphische Depeschen werden von dem Absender am Schalter aufgegeben und von den Telegraphenbeamten aufgenommen.

§ 60. — Wie ein Brief geschrieben und abgeschickt wird (Satzreihe).

1. Ich nehme einen Bogen Briefpapier aus dem Karton.
2. Ich schreibe zuerst Ort und Datum oben rechts.
3. Hierauf schreibe ich die Anrede (z. B. Lieber Freund, Geehrter Herr).
4. Ich verfasse den Brief (im Concept).
5. Ich schreibe am Schluss eine Höflichkeitsformel (z. B. Ergebenst, mit herzlichen Grüssen).
6. Dann unterzeichne ich den Brief.

7. Ich lese meinen Brief sorgfältig durch.
8. Ich falte ihn zusammen.
9. Ich stecke ihn in ein Couvert (einen Umschlag).
10. Ich klebe den Umschlag zu.
11. Ich adressiere den Brief (das heisst, ich schreibe die Adresse auf das Couvert : den Namen, den Beruf und die Adresse des Adressaten).
12. Ich gehe auf die Post.
13. Ich verlange am Schalter eine Postmarke.
14. Ich klebe die Postmarke auf den Umschlag.
15. Ich werfe den Brief in den Kasten.

Herrn

Dr Friedrich Müller

Friedrichsstrasse 8^{II}

BERLIN

Deutschland.

Schriftliche Arbeit : Schreibe einen Brief an einen Freund, und erzähle ihm welche Weihnachtsgeschenke du und deine Geschwister bekommen haben.

§ 61. — Satzbau : Zusammengesetzte Frage-Adverbien.

Merksätze.

Worauf liegen deine Bücher und Hefte?
Worin liegen die Bleistifte und Federn?
Wohin tust du deine Bleistifte und Federn?
Woran ist die Tafel befestigt?
Womit schreibst du?
Wozu dient die Feder?
Worauf klebst du die Postmarke?
Worüber freuten sich die Kinder?
Wodurch ist Karl der Große berühmt geworden?

Uebung : Bilde ähnliche Fragen über einzelne Sätze aus den bisher gelesenen Stücken.

§ 62. — Das Theater.

Im Winter sind die Abende sehr lang. Um sich zu amüsieren, gehen die Stadt=
bewohner ins Konzert, ins Theater, ins Opernhaus oder in den Zirkus. Auch werden
Abendgesellschaften und Bälle veranstaltet, wo gesungen, getanzt und gespielt wird.

Im Konzerte hört man Musik und Gesang. Musikanten spielen Geige, Flöte,
Klarinette u. s. w. Ein Kapellmeister dirigiert; er schlägt den Takt.

Im Theater werden Komödien (Lustspiele), Tragödien (Trauerspiele) und
Dramen gespielt. Schauspieler und Schauspielerinnen spielen ihre Rolle auf der
Bühne vor den Zuschauern, welche die Plätze des Parquets, des Parterres und der
Logen inne haben.

Im Opernhause spielt man große Opern, komische Opern und Operetten. In
vielen Opern ist auch ein Ballet. Die Sänger und Sängerinnen müssen eine starke,
schöne Stimme besitzen.

Im Zirkus sieht man abgerichtete Pferde. Die Clowns (Spaßmacher) treiben
allerlei Possen. Seiltänzer, Turnkünstler zeigen ihre Kunststücke.

Die Tierbändiger gehen in die Käfige, wo wilde Tiere eingesperrt sind, wie
Löwen, Tiger, Panther, Wölfe, Bären, u. s. w.

§ 63. — Satzbau : Hauptsatz mit einem Verb in zusammen= gesetzter Zeitform. (Partizip).

Merksätze.

Wir sind gestern ins Konzert gegangen;
Im Konzerte haben wir schöne Musik gehört.
Vorgestern waren wir in den Zirkus gegangen.
Im Zirkus hatten wir allerlei Kunststücke gesehen.

———

Ich habe eine Depesche aufgegeben.
Der Postbeamte hat meinen Brief eingeschrieben.
Schüler und Lehrer haben mit einander angestoßen.
Wir haben dieser Tage einem Eisfest beigewohnt.

———

Karl hat mir in seinem Brief von einem Eisfest erzählt.
Was für Geschenke hast du zu Weihnachten bekommen?
Der Arzt hat dem Kranken ein Rezept verschrieben.

———

Anmerkungen : I. Das Partizip steht immer nach der letzten Ergänzung.

II. Da die Partikel, als die letzte Ergänzung, vor dem Partizip steht, so wird sie
in der Regel mit dem Partizip verbunden.

III. Die Verben mit untrennbaren Partikeln (be, emp, u. ſ. w.) bekommen kein **ge** im Partizip.

Uebung.

I. Bilde ähnliche Sätze nach den bisher geleſenen Stücken.

II. Setze die Satzreihe : „Wie ein Brief geſchrieben wird" in das Perfektum und in das Plusquamperfektum.

§ 64. — Das Museum.

Wenn am Sonntag und am Donnerstag schlechtes Wetter ist, so geht man gern in ein Museum. Da hängen an den Wänden allerlei Gemälde in schönen vergoldeten Rahmen. Der Maler malt Gemälde mit seinem Pinsel. Dazu gebraucht er Farben, die auf einer Palette (einem Farbenbrett) liegen.

In den Galerien des Museums sieht man auch Statuen oder Stand-bilder aus Marmor, Stein und Bronze. Der Bildhauer macht Statuen; er haut mit seinem Meissel in den Marmor.

In gewissen Museen sind Sammlungen von Altertümern zu sehen. Beim Aufseher des Museums sind meistens Photographien der Sehens-würdigkeiten zu haben. Diese Photographien hat der Photograph aufgenommen.

§ 65. — Satzbau : Infinitivsatz ohne : zu.

Merkſätze.

Wir wollen morgen ins Konzert gehen.
Im Konzert werden wir schöne Muſik hören.
Die Sängerinnen müſſen eine schöne Stimme besitzen.

Ich will eine Depesche aufgeben.
Die wilden Tiere muß man in große Käfige einsperren.
Du mußt deinen Brief sorgfältig durchlesen.
Jetzt will ich meinen Umschlag zukleben.

Anmerkungen : I. Der Infinitiv steht, wie das Partizip, nach der letzten Ergänzung.

II. Steht eine Partikel vor dem Infinitiv, so wird sie mit demselben verbunden.

Uebung : Bilde andre ähnliche Sätze nach den geleſenen Stücken.

IV. Der Winter im Dorf.

§ 66. — Winterarbeiten : Drescher in der Scheune (4. Bild).

Im Winter bleibt der Bauer zu Hause und drischt das Korn in der Scheune. Die Scheune, welche unser Bild darstellt, ist hoch und breit ; sie ist sehr geräumig. Das Tor öffnet sich nach der Dorfstraße. Durch das geöffnete Tor erblicken wir jenseits der Straße ein Bauernhaus, dessen rotes Ziegeldach sich vom blauen Himmel abhebt.

Mehrere Bauern sind in der Scheune beschäftigt. Der erste rechts hat Garben herbeigeholt und an die Wand gestellt ; er bindet sie auf und legt sie auf den Boden oder auf die Tenne. Zwei andere Bauern halten einen Flegel ; damit schlagen sie derb auf die Garben ; sie dreschen ; sie dreschen das Korn aus den Ähren heraus ; sie schlagen hübsch nach einander im Takte. Dann binden sie das leere Stroh zusammen und legen die Strohbündel auf die Seite.

Nun ist das Korn ausgedroschen, doch nicht rein. Am Eingang der Scheune steht ein vierter Bauer ; er hält eine Wurfschaufel aus Weidenruten. Damit sondert er das Korn von der Spreu. Ein fünfter Bauer sichtet endlich das Korn durch ein Sieb. Jetzt ist das Korn völlig gereinigt ; man schüttet es in Säcke mit einer Schaufel aus Holz. Zwei gefüllte Säcke stehen schon an der Wand. Dann wird das Korn in der Mühle von dem Müller zu Mehl gemahlen.

§ 67. — Der Bauer drischt das Korn (Satzreihe).

1. Der Bauer holt Garben vom Kornboden herab.	holte	geholt
2. Er bindet diese Garben auf.	band	gebunden
3. Er legt sie auf die Tenne.	legte	gelegt
4. Er nimmt seinen Dreschflegel.	nahm	genommen
5. Er schlägt damit auf die Ähren.	schlug	geschlagen
6. Er bindet das leere Stroh zusammen.		
7. Er reinigt das Korn.	reinigte	gereinigt
8. Er schüttet es in Säcke.	schüttete	geschüttet
9. Er stellt die Säcke auf den Speicher.	stellte	gestellt

§ 68. — Satzbau : Infinitiv mit : zu.

Merksätze.

Du mußt nicht vergessen, deinen Brief in den Kasten zu werfen.
Der Kupferstecher beschäftigt sich damit, Bücher zu illustrieren.
Der Arzt hat versprochen, den Kranken zu besuchen.
Vergiß nicht, deinen Brief durchzulesen und den Umschlag zuzukleben!
Die Bauern sind damit beschäftigt, das Korn aus den Aehren herauszudreschen.

Anmerkung : I. Die Präposition **zu** steht immer vor dem Infinitiv.

II. Die trennbare Partikel, die Präposition **zu** und der Infinitiv werden zu einem Wort verbunden.

Uebung : I. Bilde Sätze nach folgendem Muster (Satzreihe § 68) :

Der Bauer befiehlt seinem Knecht, Garben vom Kornboden herab=
zuholen.

Der Bauer befiehlt seinem Knecht, diese Garben aufzubinden, u. s. w.

II. Ähnliche Uebung über die Satzreihe : Der Bauer sät (§ 26).

III. Ähnliche Uebung über folgende Satzreihe :

Stehe auf !	Nimm die Kreide !
Gehe an die Tafel !	Schreibe die Zahl 34 an die Tafel !
Nimm den Schwamm !	Gehe an deinen Platz zurück !
Wische die Tafel ab !	Mache keinen Lärm !

nach folgendem Mustersatz : Der Lehrer bittet den Schüler, aufzustehen.

§ 69. — Die kleinen Tierfreunde.

Es war um die liebe Weihnachtszeit. Die Kinder sassen an einem kalten Sonntage im Zimmer still beisammen und freuten sich auf das nahe Fest. Im Ofen knisterte das Feuer, aber draussen war es sehr kalt. Die Schneeflocken fielen sehr dicht und überzogen den Hof mit einer weissen Decke. Die kleinen Sperlinge aber sassen traurig auf dem grossen Apfelbaum vor dem Fenster und schüttelten ihre grauen Federn. Für sie gab es keine schöne Weihnachtszeit und keine Freude, sondern nur Hunger und Frost. Das that den Kindern weh, und sie sprachen zum Vater : " Uns dauern diese armen Tierchen. Erlaubst du, dass wir ihnen ein kleines Geschenk geben ? " Der Vater erlaubte es gern.

Nun sprangen die Kinder über den Hof zur Scheune und holten aus derselben eine volle Korngarbe und stellten sie mitten in den Hof. Da flogen die Sperlinge vom Baume herab und pickten eifrig die Körner aus der Garbe. Die Vöglein piepten und zwitscherten vor Freude. Die Kinder sassen in der Stube und sahen alles mit an. Am Abend sprangen sie freudig zum Vater und sprachen : " Das war ein schöner Tag, das war eine gar herrliche Christbescherung ! "

Nach HEINEMANN.

§ 70. — Winterabend im Dorfe (Nach dem 4. Wandbild, n° 2).

An den Winterabenden ist es im Dorfe sehr still. Draussen auf der Strasse liegt tiefer Schnee und es ist stockfinster ; denn da stehen keine Gaslaternen und Glühlampen wie in den Städten. In den Häusern sitzen

Freunde und Nachbarn beisammen am Feuerherd, plaudern oder spielen Karten. Die Frauen stricken oder nähen; die Kinder machen ihre Schularbeiten für den andern Morgen. Einen solchen Winterabend stellt unser Bild vor. (Wir wollen uns dieses Bild näher ansehen und es beschreiben.)

§ 71. — Winterabend in der Familie.

Der Winterabend, das ist die Zeit
Der Arbeit und der Fröhlichkeit.
Wenn die andern nähen, stricken und spinnen,
Dann müssen wir Kinder auch was beginnen.
Wir dürfen nicht müssig sitzen und ruh'n ;
Wir haben auch unser Teil zu tun :
Wir müssen zu Morgen uns vorbereiten
Und vollenden unsre Schularbeiten ;
Und sind wir fertig mit Lesen und Schreiben,
Dann können wir unsre Kurzweil treiben ;
Und ist der Abend auch noch so lang,
Wir kürzen ihn mit Spiel und Gesang,
Und wer dann ein hübsches Rätsel kann,
Der sagt's, und wir fangen zu raten an.

HOFFMANN VON FALLERSLEBEN.

§ 72. — Satzbau : Infinitiv mit : um... zu.

Merksätze.

{ Ich stehe auf; ich will an die Tafel gehen.
{ Ich stehe auf, um an die Tafel zu gehen.
Der Bauer nimmt seinen Dreschflegel, um damit auf die Aehren zu schlagen.
Der Bauer nimmt seinen Dreschflegel, um die Aehren damit auszudreschen.
Der Dreschflegel dient dazu, um die Aehren auszudreschen; er dient zum Dreschen.

Uebung : Verbinde nachstehende Sätze mit : **um. zu...**

Ich nehme den Schwamm; ich will die Tafel abwischen.
Ich nehme die Kreide; ich will an die Tafel schreiben.
Ich mache die Tür auf; ich will in das Schulzimmer treten.
Ich nehme meine Mütze ab; ich will den Lehrer grüßen.
Ich schlage mein Buch auf; ich will meine Lektion lernen.
Ich stehe auf; ich will meine Lektion hersagen.
Ich öffne mein Heft; ich will meine Aufgabe abschreiben.
Die Bauern sitzen am Winterabend in der warmen Stube; sie wollen plaudern
   und Karten spielen, u. f. w.

Nenne mir einige Geräte und sage mir wozu sie dienen.

V. Gewerbe in der Stadt und im Dorf.

§ 73. — Nahrung und Getränke.

Wir haben gesehen, welche Arbeiter das Wohnhaus bauen und einrichten. Jeder dieser Arbeiter hat seine besondere Arbeit, sein besonderes Gewerbe, sein besonderes Handwerk. Diese Handwerker sorgen für unsere Wohnung.

Andere Handwerker sorgen für unsere Nahrung.

Der Bäcker bäckt das Brot aus dem Mehl, welches der Müller gemahlen hat.

Der Metzger verkauft das Fleisch der Tiere, die er geschlachtet hat.

Bei dem Delikatessenhändler und in Kolonialwarenhandlungen findet man allerlei feinere Esswaren.

Der Weinhändler verkauft Wein von allen Sorten : Rotwein, Weisswein, auch Schaumwein (Sekt).

Das Bier wird von dem Bierbrauer gebraut. Das beste Bier wird in München in Bayern gebraut (Spatenbräu, Augustinerbräu).

In Bierhäusern wird Bier ausgeschenkt.

Reisende, wenn sie in einen fremden Ort kommen, steigen in einem Wirtshaus, Gasthaus, Gasthof oder Hotel ab, wo sie Wohnung und Kost finden. Wenn sie nicht übernachten, so speisen sie in einer Restauration oder beim Speisewirt, wo sie von Kellnern oder Kellnerinnen bedient werden. Nach dem Essen trinken sie eine Tasse Kaffee im Kaffeehaus und lesen dabei Zeitungen, oder spielen Billard oder Karten mit ihren Freunden.

§ 74. — Satzbau : Infinitiv mit : ohne... zu.

Merksätze.

Der Schüler soll seine Lektion hersagen und nicht ins Buch schauen.
Der Schüler soll seine Lektion hersagen, ohne ins Buch zu schauen.
Die Schüler sollen still sitzen, ohne den Kopf hin= und herzudrehen.

Uebung : Verbinde nachstehende Sätze mit : ohne zu.

Gehe an deinen Platz zurück und mache keinen Lärm.
Wir sollen auf dem Hof spielen aber nicht mit einander zanken.
Schreibt eure Aufgabe schön ab und macht keine Kleckse.
Sitze still und spiele nicht mit den Fingern.
Ich halte mich einen Morgen in Versailles auf, aber ich speise dort nicht zu Mittag.
Ich habe mein Buch lange gesucht; aber ich habe es nicht gefunden.

Bilde selbst ähnliche Sätze.

§ 75. — Kleidung.

Andere Handwerker verfertigen unsere Kleider. Diese arbeiten gewöhnlich mit ihren Gesellen und Lehrjungen in einer Werkstatt. Manchmal haben sie auch einen Laden mit grossen Schaufenstern, wo die verfertigten Gegenstände zum Verkauf ausgelegt (ausgestellt) sind.

Der Schneider verfertigt Kleider und Anzüge aus dem Tuch, das in grossen Fabriken gemacht wird. Es giebt Herrenschneider und Damenschneider. Meistens aber werden die Damenkleider von der Schneiderin gemacht.

Der Schuster oder Schuhmacher macht Schuhe und Stiefel aus dem Leder, das der Gerber gegerbt hat.

Der Hutmacher verfertigt Hüte. Damenhüte werden von der Modehändlerin oder Putzmacherin gemacht.

Die Wäsche, wie Hemden, Strümpfe, Unterhosen und Flanelljacken kauft man fertig in den Läden. Die Wäscherin wäscht die Wäsche; die Plätterin stärkt und plättet sie.

Der Kürschner verfertigt Pelzwaren; die schönsten und besten Pelzwaren kommen von Breslau und Leipzig.

Bei dem Friseur lassen sich Herren rasieren und die Haare schneiden.

Der Juwelier verfertigt Schmuckgegenstände aus Gold, Silber, Perlen und Edelsteinen.

Der Uhrmacher verfertigt die Uhren.

Hausgerät.

Der Tischler und der Drechsler verfertigen die Möbeln aus Holz.

Der Klempner stellt das Hausgerät aus Blech her; der Kupferschmied das Gerät aus Kupfer. Porzellangeschirr und Steingut wird in grösseren Fabriken verfertigt. Eisenwaren werden in den Giessereien gegossen.

Das Holz und die Kohlen werden von dem Holz-und Kohlenhändler verkauft.

(Bilde andere Namen die mit dem Wort " Händler " zusammengesetzt sind).

Ackergerät.

Der Wagner verfertigt Wagen, Karren und Pflüge, der Schmied Spaten, Schaufeln; der Hufschmied beschlägt die Pferde; der Sattler macht Sättel für die Reiter und das Geschirr für die Zugtiere.

§ 76. — **In einem Laden.**

In allen großen Städten giebt es größere Läden und Bazars, wo man alles Mögliche kaufen kann. Einen solchen Laden stellt unser Bild vor.

Dieser Laden ist sehr geräumig. Mächtige Säulen stützen die Stockwerke, und eine breite Treppe mit eisernem Geländer führt von einem Stockwerke zum andern. Auf dieser Treppe gehen Herren und Damen herauf und herunter. Überall sind Waren zum Verkaufe ausgelegt: Teppiche, Schirme, Anzüge und eine Menge Spielsachen für Kinder.

Links steht eine junge Dame vor einem Tische, auf welchem Handschuhe zur Schau gelegt sind. Sie wählt sich ein Paar Handschuhe aus. Sie will sich ein Paar Handschuhe kaufen; sie ist eine Käuferin. Ein Kommis reicht ihr ein Paar Handschuhe zum Anprobieren.

In der Mitte befindet sich die Kasse. Davor stehen Käufer und Käuferinnen, die schon ihre Einkäufe gemacht haben. Sie bezahlen die Waren, die man ihnen verkauft hat. Ein Kassierer nimmt das Geld ein. Dahinter sind Kommis, welche Schachteln und Pakete mit Bindfaden zuschnüren. Ein Aufseher beaufsichtigt alles.

Vorn rechts geht eine Dame aus dem Laden hinaus; sie trägt zwei Schachteln und einen Ballon. Ihr kleines Töchterchen geht neben ihr her und zeigt mit dem Finger auf Spielsachen, welche es gern haben möchte.

§ 77. — **Satzbau: Infinitiv mit: anstatt... zu.**

Merksätze.

I. { Du plauderst mit deinem Nachbar und paßt nicht auf.
{ Du plauderst mit deinem Nachbar, anstatt aufzupassen.

Uebung : Verbinde nach obigem Muster folgende Sätze mit : anstatt... zu.

A. spielt mit seiner Feder und schreibt seine Aufgabe nicht ab.
A. spielt mit den Fingern und schaut nicht ins Buch.
Der faule Knabe läuft auf der Straße herum und geht nicht in die Schule.

II. Bilde selbst ähnliche Sätze nach den bisher gelesenen Stücken.

VI. Die Stadt und das Dorf als Gemeinde.

§ 78. — Öffentliche Gebäude.

Alle Bewohner oder Bürger einer Stadt (oder eines Dorfes) bilden zusammen eine Gemeinde. In einer Stadt giebt es ausser den Wohnhäusern viele Gebäude, die der Gemeinde gehören; man nennt sie öffentliche Gebäude.

Zu den öffentlichen Gebäuden gehören : die Schulen und Gymnasien, die Kirchen, das Rathaus, der Justizpalast, das Gefängnis, das Posthaus, die Kasernen, das Armenhaus, das Waisenhaus, die Krankenhäuser und Spitäler. Brunnen, Brücken und Stadttore gehören auch der Gemeinde.

§ 79. — Das Rathaus. Die Polizei.

Der Bürgermeister verwaltet die Stadt mit seinen Stadträten. Sie bilden zusammen den Magistrat. Sie versammeln sich im Rathaus, um sich über das Wohl der Stadt zu besprechen oder zu beraten.

Die Bürger gehen auf das Rathaus oder auf das Standesamt, um eine Hochzeit, eine Geburt oder einen Sterbefall zu melden.

Unter dem Befehl des Bürgermeisters steht die Polizei, die über die Sicherheit der Stadt wacht. Die Männer, die zur Polizei gehören, heissen Polizeidiener oder Schutzmänner.

Auch die Feuerwehr steht unter dem Befehl der Stadtbehörde. Wenn eine Feuersbrunst ausbricht, so kommen die Feuerwehrleute schnell mit den Spritzen herbei und löschen das Feuer.

§ 80. — Satzgefüge : Nebensatz: Relativsatz.

Merksätze.

Der Schneider verfertigt die Kleider.

Hauptsatz.	**Relativsatz.**
Ein Schneider ist ein Mann,	der Kleider verfertigt.
Eine Schneiderin ist eine Frau,	die Damenkleider verfertigt.

Hauptsatz.	**Relativsatz.**	**Hauptsatz.**
Ein Mann,	der Kleider verfertigt,	heißt ein Schneider.
Eine Frau,	die Kleider verfertigt,	heißt eine Schneiderin.

Anmerkung : In einem Nebensatz steht das Verb am Schluß.

Uebung : Was ist ein Herrenschneider, ein Damenschneider, ein Schuhmacher, ein Gerber, ein Aufseher, ein Kassierer? u. s. w.

§ 81. — Das Fünkchen.

Das Kind hatte mit dem Fünkchen gespielt, obgleich es seine Mutter schon oft verboten hatte. Da war das Fünkchen fortgeflogen und hatte sich ins Stroh versteckt. Das Stroh fing an zu brennen, und es entstand eine grosse Flamme. Da wurde dem Kinde bange und es lief fort, ohne Jemand etwas zu sagen. Aber die Flamme verbreitete sich über das ganze Haus. Als sie an die Fenstervorhänge kam, wurde sie noch grösser, und die Tische, die Stühle, die Schränke und alles, was der Vater und die Mutter hatten, das wurde vom Feuer gefasst.

Da schrieen alle Leute vor Schrecken, die Soldaten trommelten, die Glocken läuteten; es war fürchterlich zu hören und die Flamme schrecklich zu sehen. Nun fing man an zu löschen mit Wasser, das man in das Feuer goss und spritzte; aber es half nichts, und von dem ganzen Hause blieb nichts als ein wenig Kohlen und ein bischen Asche übrig. Da hatten die Eltern des Kindes kein Plätzchen mehr, wo sie wohnen konnten und auch kein Geld mehr, um sich ein neues Haus und neue Betten und Tische und Stühle zu kaufen. Und das Kind, das mit dem Fünkchen gespielt hatte, war schuld daran.

Nach CURTMANN.

§ 82. — Satzgefüge : Relativsatz mit Partikeln.

Merksätze.

Wir sehen da einen Bauern; er holt Garben vom Kornboden herab.
Wir sehen da einen Bauern, der Garben vom Kornboden herabholt.

Anmerkung : In einem Nebensatz verbindet sich die Partikel mit dem Verb zu einem Wort.

Uebung : Bilde ähnliche Sätze nach obigem Muster mit folgenden Hauptsätzen, so daß der zweite Hauptsatz zu einem Relativsatz wird.

Wir sehen da einen Bauern; { er bindet die Garben auf.
{ er bindet das leere Stroh zusammen.

An der Tafel steht der Schüler A; er wischt die Tafel ab.

Ich sehe den Schüler A; { er macht die Tür auf.
{ er tritt in das Schulzimmer ein.
{ er macht die Tür zu.
{ er sagt seine Lektion her.

Ich sehe die Schülerin A; sie wischt die Tafel ab, u. s. w.
An der Wand hängt ein Bild; es stellt einen großen Laden vor.

§ 83. — **Die Magd macht Feuer** (Satzreihe).

1. Sie holt Holz und Kohle aus dem Keller.	holte	geholt
2. Sie legt Papierschnitzel und Kohlen auf den Herd.	legte	gelegt
3. Sie legt Holzscheite auf.		
4. Sie nimmt ein Zündholz (Streichholz).	nahm	genommen
5. Sie zündet das Streichholz an.	zündete	gezündet
6. Sie zündet das Papier an.		
7. Das Papier und die Kohlen fangen Feuer.	fing	gefangen
8. Sie bläst das Feuer mit dem Blasebalg an.	blies	geblasen
9. Das Holz brennt.	brannte	gebrannt
10. Das Feuer brennt.		
11. Sie nimmt die Feuerzange.		
12. Sie legt die Holzscheite zurecht.		
13. Sie nimmt die Schaufel.		
14. Sie schaufelt die Asche unter den Scheiten hervor.	schaufelte	geschaufelt

Uebung : Wir sehen da eine Magd, die Holz und Kohlen aus dem Keller holt.
u. s. w.

Aehnliche Uebung mit andern Satzreihen.

§ 84. — Der Justizpalast. Das Gericht.

Es giebt böse Menschen, welche dasjenige, was ihnen nicht gehört, wegnehmen : sie stehlen; man nennt sie Diebe. Andere töten oder ermorden ihre Nebenmenschen : man nennt sie Mörder. Die Gendarmen, Schutzmänner und Polizeidiener schützen uns gegen die Diebe und Mörder. Sie verhaften sie und führen sie ins Gefängnis. Dann werden die Uebeltäter vor Gericht gestellt; ein Richter verhört sie. Man stellt ihnen Zeugen gegenüber, welche schwören, dass sie die lautre Wahrheit sagen. Die Verklagten werden von einem Advokaten oder Anwalt verteidigt. Werden sie als schuldig erkannt, so werden sie von den Richtern nach dem Gesetze zu einer Geldstrafe, zum Gefängnis (Zuchthaus) oder zur Todesstrafe verurteilt.

§ 85. — **Satzgefüge : Relativsatz** (mit Partizip).

Merksätze.

{ Auf dem Bilde sehe ich arme Leute; sie sind vor dem Hause stehen geblieben.
{ Auf dem Bilde sehe ich arme Leute, die vor dem Hause stehen geblieben sind.
Diese Leute, die vor dem Hause stehen geblieben sind, heißen Bettler.
Anmerkung : Wenn das Verb des Nebensatzes in zusammengesetzter Form steht, so tritt das Hilfsverb an die letzte Stelle.
Uebung : Bilde ähnliche Satzgefüge mit folgenden Hauptsätzen :

Wir haben eine Geschichte gelesen von einem Kinde; es hatte mit dem Fünkchen gespielt.

Die Bettler danken der Bäuerin; sie hat ihnen ein Almosen gegeben.

Die Mönche retten die Reisenden; diese sind in dem Schnee versunken.

Barry war ein berühmter Hund; er hat mehr als vierzig Menschen das Leben gerettet.

Das Kind gab nicht acht auf das Fünkchen; es war ins Stroh geflogen.

An der Tür standen die armen Nachbarskinder; sie waren unvermerkt hereingeschlichen.

§ 86. — **Das Gespenst**.

Martin schlich sich um Mitternacht in den Schloßgarten, füllte zwei Säcke mit Obst und wollte nun zuerst den einen Sack nach Hause tragen.

Wie er mit dem Sacke so längs der Gartenmauer hinging, schlug es auf dem Kirchturme eben zwölf Uhr. Die Luft rauschte gar schauerlich in dem Laube der Bäume, und Martin erblickte plötzlich neben sich einen schwarzen Mann, der den andern Sack zu tragen schien.

Der erschrockene Dieb tat einen Schrei, ließ den Sack fallen und sprang, was er konnte. Der schwarze Mann ließ den Sack auch fallen und sprang eben so schnell neben Martin her, bis an das Ende der Gartenmauer, wo der Mann verschwand.

Martin erzählte am nächsten Morgen überall von dem gräßlichen Gespenste; nur, daß er gestohlen habe, verschwieg er. Allein der Amtmann ließ den Martin noch am nämlichen Tage kommen und sagte zu ihm:

„Du hast heute Nacht in dem Schloßgarten Obst gestohlen. Die Säcke, auf denen deines Vaters Namen steht, haben dich verraten. Ich werde dich deshalb in den Turm sperren lassen. Das schwarze Gespenst aber, das du zu sehen glaubtest, war weiter nichts als dein Schatten, den du, da um zwölf Uhr der Mond aufging, an der neu geweißten Gartenmauer erblicktest.“

Wer Unrecht tut, ist nie ohne Furcht; den Übeltäter erschreckt ein rauschendes Blatt.

Bewahr' ein unbefleckt Gewissen,
So wirst du niemals zittern müssen.

Christoph von Schmid.

§ 87. — **Satzgefüge : Relativsatz mit einem Hilfsverbe.**
Merksätze.

{ Wir sehen da einen Bauern; er will Garben vom Kornboden herabholen.
{ Wir sehen da einen Bauern, der Garben vom Kornboden herabholen will.

Der Mann, der Garben von dem Kornboden herabholen will, ist ein Bauer.

Bilde ähnliche Satzgefüge : 1° mit den übrigen Sätzen derselben Satzreihe.

2° mit den Sätzen der Satzreihe : Gehe an die Tafel!
3° mit Sätzen aus den gelesenen Stücken.

§ 88. — Die Kaserne und die Soldaten.

In der Kaserne wohnen die Soldaten. Auf dem Hofe der Kaserne sieht man die jungen Rekruten, welche exerzieren (sich in den Waffen üben); sie marschieren in Reih und Glied zu zweien oder zu vieren; sie handhaben das Gewehr; sie turnen; einige schlagen die Trommel in einer Ecke des Hofes; andere blasen die Trompete.

Vor dem Tore der Kaserne steht ein Soldat mit dem Gewehr auf der Schulter; es ist eine Schildwache. Wenn ein Offizier eintritt oder herausgeht, so hält die Schildwache das Gewehr vor (oder präsentiert).

Die Soldaten, welche zu Fuss gehen, heissen Fussoldaten (Infanteristen); sie bilden die Infanterie. Diejenigen, welche zu Pferde sitzen oder reiten, heissen Reiter (Kavalleristen); sie bilden die Reiterei oder die Kavallerie.

Die Fussoldaten haben als Waffe ein Gewehr mit dem Bajonett; sie tragen auch einen Tornister auf dem Rüchen. Die Reiter haben Säbel und Gewehre. Sie tragen auch hohe Stiefel mit Sporen. Die Artilleristen schiessen die Kanonen ab. Die Kürassiere tragen einen Harnisch auf der Brust. Die Deutschen Ulanen habe eine Lanze. Die Offiziere haben einen Degen.

Jedes Regiment hat seine Fahne, welche der Fähnrich trägt. An der Spitze des Regiments steht ein Oberst. Mehrere Regimenter werden von einem General befehligt (kommandiert). Eine Kompagnie wird von einem Hauptmann befehligt. Unter dem Hauptmann steht der Oberleutenant, der Feldwebel, der Sergeant, der Korporal.

Der gute Soldat gehorcht den Befehlen seiner Vorgesetzten und unterwirft sich der Disciplin. Die Armee verteidigt im Kriege das Vaterland gegen den Feind.

§ 89. — **Relativsatz: Relativpronomen in allen Kasus**
(Siehe 4. Bild, recto 1).

Merksätze.

Singular.

Männlich.

N. Dieser Mann, der (welcher) ein hageres Gesicht hat, ist ein Bettler.

G. Dieser Mann, dessen Gesicht hager ist, ist ein Bettler.

D. Der Mann, dem (welchem) die Bäuerin ein Almosen gibt, ist ein armer Mann.

A. Der Mann, den (welchen) die Bäuerin tröstet, ist ein armer Mann.

Weiblich.

N. Diese Frau, die (welche) ihre Hände unter ihre Schürze steckt, ist eine Bettlerin.

G. Diese Frau, deren Hände unter der Schürze versteckt sind, ist eine Bettlerin.

D. Die Frau, der (welcher) die Bäuerin ein Almosen gibt, ist hungrig.

A. Die Frau, die (welche) die Bäuerin tröstet, ist beklagenswert.

Sächlich.

N. Das Haus, das (welches) mit Schnee bedeckt ist, ist ein Bauernhaus.

G. Das Haus, dessen Dach mit Schnee bedeckt ist, ist ein Bauernhaus.

D. Das Haus, vor dem (vor welchem) die Bäuerin steht, ist ein Bauernhaus.

A. Das Haus, das (welches) unser Bild vorstellt, ist ein Bauernhaus.

Plural.

N. Die Leute, die (welche) vor dem Bauernhaus stehen, bitten um ein Almosen.

G. Diese Leute, deren Kleider zerlumpt sind, sind Bettler.

D. Die Leute, denen (welchen) die Bäuerin ein Almosen gibt, sind hungrig.

A. Die Leute, die (welche) unser Bild vorstellt, sind Bettler.

Uebung : Bilde ähnliche Satzgefüge mit Sätzen aus den gelesenen Stücken.

§ 90. — Der gute Kamerad.

2.

Eine Kugel kam geflogen :
Gilt sie mir oder gilt sie dir? } (*bis*)
Ihn hat sie weggerissen;
Er liegt zu meinen Füssen,
Als wär's ein Stück von mir. (*bis*)

3.

Will mir die Hand noch reichen,
Derweil ich eben lad' : } (*bis*)
« Kann dir die Hand nicht geben;
« Bleib' du im ew'gen Leben,
« Mein guter Kamerad! » (*bis*)

L. Uhland.

§ 91. — Die Kirche.

Die Kirche ist ein grosses Gebäude, auf dem gewöhnlich ein Turm oder mehrere Türme sich erheben. In der Kirche befindet sich das Chor mit dem Altar, eine Kanzel, eine Orgel, ein Taufstein, ein Opferstock und viele Bänke und Stühle. In der Kirche versammelt sich die Kirchengemeinde an Sonn-und Festtagen zum Gottesdienst.

An dem Altar hält der Pfarrer den Gottesdienst ab; er betet zu Gott; auf der Kanzel predigt er; während des Gottesdienstes spielt der Organist die Orgel.

Auf dem Kirchturm hängen die Glocken, welche an Sonn-und Festtagen durch ihr Geläute die Gläubigen zur Kirche rufen. Auf den Dörfern wird auch morgens, abends und mittags geläutet. Dieses Geläute nennt man die Morgen- Abend- und Mittagsglocke. In den meisten Kirchtürmen ist auch eine Uhr angebracht, deren Schlag man weithin durch die Stadt hören kann. An der Wand des Kirchturms befindet sich das Zifferblatt der Uhr mit zwei Zeigern.

§ 92. — Satzgefüge : Relativadverbien.

Die Kirche ist ein Gebäude, worin der Gottesdienst abgehalten wird.

Die Kirche ist ein Gebäude, worauf gewöhnlich ein Turm steht.

Die Glocken, wodurch die Gläubigen zur Kirche gerufen werden, hängen auf dem Turm.

Der Turm, woran die Uhr angebracht ist, ist der Kirchturm.

Uebung. Bilde ähnliche Sätze mit Relativadverbien.

§ 93. — Sonntag.

Es tönet über das weite Feld
Ein liebliches Frühgeläute.
Wie ist so ruhig heut die Welt,
So sonnig und wonnig heute!

Die Hirten neben der Herde ruhn,
Die Herden ruhn auf der Weide;
Die Bauern ziehen zur Kirche nun
Im stattlichen Sonntagskleide.

Es schimmert der Tau im grünen Plan
Wie Perlen auf schimmernder Seide,
Als hätte die Flur auch angetan
Sonntägliches Festgeschmeide.

Es ist, als sängen die Vögel auch
Heut schöner als andere Tage,
Als dufteten heut mit stärkerem Hauch
Die Blumen in Feld und Hage.

Und Orgelklänge tönen von fern,
Von Morgenlüften gehoben,
Und alles betet : " Wir loben den Herrn
Und wollen ihn ewig loben! "

R. Löwenstein.

Dritter Teil.

Der Frühling. — Auf dem Lande.

I. Der Frühling. — Auf dem Lande.

§ 94. — **Ankunft des Frühlings** (nach dem 3. Wandbild, recto 1).

Dieses Bild zeigt uns die Ankunft des Frühlings auf dem Lande. Eine Schar Zugvögel zieht über den blauen Himmel dahin. Auf dem Gipfel eines Hügels erblicken wir eine Windmühle, deren breite Flügel sich vom Himmel abheben. Am Fuße dieses Hügels links steht ein Bauernhaus, dessen Fenster und Türen geöffnet sind, damit die milde Luft hineindringen kann. Epheuranken und Rosen schmücken die Façade des Häuschens. An allen Fenstern stehen Blumentöpfe. Über dem Dache fliegen Schwalben umher. Einige bauen ein Nest an dem oberen Fenster links. Ein Storch sitzt auf dem Schornstein; ein zweiter fliegt herbei. Alle diese Vögel sind frei; sie sind glücklicher als diejenigen, welche im Käfig neben der Haustür eingesperrt sind. Hinter dem Häuschen sehen wir die Bäume des Obstgartens mit ihrem zarten Grün.

An diesem schönen Frühlingstag spielen alle Kinder im Freien. Mitten auf einem Feldwege tanzen drei Mädchen einen Reigen; sie haben ihre Locken mit Blumen geschmückt. Weiter rechts steht ein Knabe vor einem Gebüsch. Er scheint sehr aufmerksam; er schaut nach einem Neste, das sich im Gebüsche befindet. Links sitzt ein Mädchen auf der unteren Stufe der Treppe; sie windet einen Blumenstrauß; zu ihren Füßen laufen Küchlein umher; oben auf der Treppe steht die Mutter mit einem Eimer in der Hand. Indem sie ihre Arbeit macht, blickt sie froh auf die munteren Kinder. Weiter oben, bei einer Biegung des Weges, läuft ein Knabe bergab; er hält ein Netz und schwingt es in die Höhe, um einen Schmetterling zu fangen.

§ 95. — **Bald ist der Frühling da!**

Tra ri ra!
Bald ist der Frühling da!
Bald werden grün die Felder,
Die Wiesen und die Wälder.
Tra ri ra!
Bald ist der Frühling da!

Tra ri ru!
Du lieber Frühling du!
Laß uns nicht länger warten!
Komm bald in Feld und Garten!
Tra ri ru!
Du lieber Frühling du!

H. von Fallersleben.

§ 96. — Satzgefüge. Nebensatz mit : daß (Daß= sätze).

Merksätze.

Hauptsatz. Dieses Bild zeigt uns die Ankunft des Frühlings auf dem Lande; eine Schar Vögel zieht über den blauen Himmel.

Was habe ich gesagt?

Hauptsatz.	Nebensatz.
Sie haben gesagt,	daß uns dieses Bild die Ankunft des Frühlings auf dem Lande zeigt, und daß eine Schaar Vögel über den blauen Himmel zieht.
An der Ankunft der Schwalben erken= nen wir, Die Ankunft der Schwalben verkündet uns, Die Ankunft der Schwalben ist ein Zeichen,	daß der Frühling bald ankommt.
Wir haben gelesen,	daß die Pelzwaren von dem Kürschner verfertigt werden.
Ich habe euch erzählt,	daß das Kind mit den Fünkchen gespielt hatte.
Ich hoffe,	daß du morgen deine Lektion besser lernen wirst und (daß) ich mit dir zufrieden sein werde.

Uebung. Bilde ähnliche Satzgefüge mit einzelnen Sätzen aus den gelesenen Stücken. (Wir sehen, daß... Wir bemerken, daß... Es ist gewiß, daß... Es freut mich, daß... Ich habe vernommen, daß... Ich hoffe, daß...).

§ 97. — Ostern.

Weihnachten ist das Fest des Winters. Ostern ist das Fest des Frühlings. Lange Monate lag die Erde in tiefem Schlaf. Jetzt wird sie von der Sonne zu neuem Leben erweckt. Die Natur war tot; jetzt ist sie auferstanden. Ostern ist das Fest der Auferstehung.

Siehst du wie schön am Ostermorgen Wald und Flur in ihrem neuen grünen Kleide da liegen? Hörst du, wie aus der Ferne die Glocken klingen und den Menschen den Ostergruß bringen? In den blauen, klaren Himmel steigt die Lerche empor und schmettert ein fröhliches Osterlied; die Quellen und Bächlein rauschen freudig durch das Tal und verkünden mit lauter Stimme: „Heute ist Ostern!“ Alles stimmt ein in den Chor der Auferstehung:

> „Wacht auf! das Alte ist vergangen;
> Wach auf, du froh verjüngte Welt!“

§ 98. — Der Osterhase.

Nun kommt das Osterhäslein bald
Gesprungen aus dem grünen Wald,
Will allen braven Kinderlein
Viel Eier legen ins Nest hinein.

Was frisst das Osterhäslein gern?
Frisst's wohl Rosinen und Mandelkern?
Nein — Blümchen, gelb und rot wie Blut,
Und grünes Gras, das schmeckt ihm gut.

Dann legt es auch ein rotes Ei,
Vielleicht ein gelbes auch dabei,
Und springt geschwinde husch, husch, husch
Dann wieder fort in Wald und Busch.

Komm, Osterhäslein, komm zu mir!
Dein Nestlein ist schon fertig hier
Von weichem Moos gar zart und fein;
Leg' nur manch schönes Ei hinein!

CHRISTIAN DIEFFENBACH.

II. Die Vögel.

§ 99. — Frühlings Ankunft.

II. Wie sie alle lustig sind,
Flink und froh sich regen!
Amsel, Drossel, Fink und Staar
Und die ganze Vögelschar
Wünschet uns ein frohes Jahr,
Lauter Heil und Segen.

III. Was sie uns verkündet nun,
Nehmen wir zu Herzen :
Wir auch wollen lustig sein,
Lustig wie die Vögelein,
Hier und dort, feldaus, feldein
Singen, springen, scherzen.

HOFFMANN VON FALLERSLEBEN.

§ 100. — Das Lerchennest.

In der Nähe von Darmstadt hatte im Frühling des Jahres 1865 ein
Lerchenpaar sein Nest mitten zwischen die Eisenbahnschienen gebaut,
und zwar an eine Stelle, wo sich zwei Fahrgeleise kreuzten. Bald lagen
vier Eierchen in dem Neste, und das Weibchen sass brütend darauf.
Wenn ein Zug kam, so bückte das Vöglein seinen Kopf, bis der letzte
Wagen vorüber war. Endlich waren drei junge Vögelchen in dem Nest.
Nach einigen Tagen setzte sich eines derselben auf eine der Schienen.
Der Zug kommt heran, die Alten locken vergebens, das dumme Ding
bleibt sitzen. Als der Zug ganz nahe war, flog eines der Alten rasch

heran, packte das unfolgsame Kind beim Kopf und schleuderte es über
die Bahn hinaus. Der Bahnwärter, welcher das alles gesehen hatte, trug
das Nest in ein Kleefeld. Die Alten folgten ihm und trillerten ihm bald
in den Lüften Dank für seine Barmherzigkeit.

§ 101. — Vogel und Knabe.

" Knabe, ich bitt' dich, so sehr ich kann :
O rühre mein kleines Nest nicht an!
O sieh' nicht mit deinen Blicken hin!
Es liegen ja meine Kinder drin;
Die werden erschrecken und ängstlich schrei'n,
Wenn du schaust mit den grossen Augen herein. "

Wohl sähe der Knabe das Nestchen gern,
Doch stand er behutsam still von fern.
Da kam der arme Vogel zur Ruh',
Flog hin und deckte die Kleinen zu,
Und sah so freundlich den Knaben an :
" Hab' Dank, dass du ihnen kein Leid getan. "

W. Hey.

§ 102. — Satzgefüge : Indirekter Fragesatz mit : ob. (Ja= und Reinfragen).

Direkte Ja= und Reinfragen.

Liegt Darmstadt in Frankreich?
Hatte das Lerchenpaar sein Nest auf die Wiese gebaut?
Ist Ostern ein Winterfest?
Stellt dieses Bild den Sommer vor?
Wird der Osterhas dir ein Ei in das Nest legen?

Indirekte Ja= und Reinfragen.
Merkfätze.

Was habe ich dich gefragt?

Sie haben mich gefragt,
ob Darmstadt in Frankreich liegt.
ob das Lerchenpaar sein Nest auf die Wiese gebaut hatte.
ob Ostern ein Winterfest ist.
ob dieses Bild den Sommer vorstellt.
ob der Osterhase mir ein Ei in das Nest legen wird.

Uebung. Bilde ähnliche Satzgefüge über die einzelnen Sätze der gelesenen Stücke. (Sage mir, ob... Weißt du, ob... Bist du gewiß, ob... Ich weiß nicht, ob... Ich bin nicht gewiß, ob...).

III. Garten und Blumen.

§ 103. — Das Maiblümchen.

Als der liebe Gott die Blumen gemacht hatte, fragte er eine jede: „Mein Blüm=
chen, wo willst du wohnen?" Da wollte die eine auf dem Berge wohnen, die andere
im Tale; die eine am Bächlein, die andere auf der Wiese; aber keine wollte in den
Wald ziehen. Warum denn nicht? Sie dachten: „Da kann uns die liebe Sonne nicht
bescheinen; da müssen wir immer im Schatten sitzen." Und deshalb war der Wald
sehr traurig.

Nun kam der Mai. Auf den Wiesen blühten und dufteten die Blumen. Die
Bienen summten um die Blüten, und bunte Schmetterlinge flatterten umher. Das
sah der Wald, und er sprach zu sich: „Ich armer Wald! Wer wird zu mir kommen,
wenn keine Blumen unter meinen Bäumen blühen?" Und er rief ganz laut zu den
Blumen auf der Wiese: „Ach, ihr lieben Blumen, kommt doch auch zu mir!" Aber
niemand antwortete ihm.

Da wurde der Wald ganz traurig und fing an zu weinen, und die Tränen
fielen auf die Blumen, die am Wiesenrande blühten. Eine Träne fiel auf das Mai=
blümchen, das ganz nahe am Walde stand. Das hatte Mitleid mit dem armen Walde,
und es sprach zu seinen Schwestern: „Wollen wir nicht dem armen Walde helfen?"
Und sofort zog es seine Beinchen aus der Erde und wanderte in den Wald. Da das
Windröschen und das Himmelsschlüsselein es sahen, sagten sie: „Wir ziehen auch
mit."

Seit jener Zeit wohnen sie im Walde.

§ 104. — Satzgefüge: Indirekter Fragesatz (W= Fragen).

Direkte W= Fragen.

Mit wem sprach der Wald?
Wer hat die Blumen gemacht?
Wo wollten die Blümlein wohnen?
Warum wollte keine Blume in den Wald ziehen?

Indirekte W= Fragen.

Was habe ich dich gefragt?

Merksätze.

Sie haben mich gefragt, { mit wem der Wald sprach.
wer die Blumen gemacht hat.
wo die Blümlein wohnen wollten.
warum keine Blume in den Wald ziehen wollte.

Uebung. Bilde ähnliche Satzgefüge mit einzelnen Sätzen aus den gelesenen Stücken.

§ 105. — **Der Garten im Frühling** (nach dem 3. Bild, recto 2).

Dieses Bild zeigt uns einen Garten im Frühling. Er ist von einer Mauer umschlossen. Mehrere Bäume haben schon neue Blätter; andere haben blos Knospen; sie schlagen aus; wieder andere stehen in Blüte.

Im Hintergrund erblicken wir ein Gartenhäuschen aus Backstein, vor welchem sich ein runder, grüner Grasplatz befindet. Von da gehen lange, breite Alleen oder Wege aus; diese trennen die Beete von einander. Rechts steht ein Glashaus, worin man im Winter Blumen und Pflanzen aufbewahrt, um sie vor der Kälte zu schützen; das ist ein Treibhaus. Nun setzt man die Blumen in die Sonne. In der Nähe sind auch Frühbeete und auf den Pflanzen gläserne Glocken, welche zu demselben Zwecke dienen. Hie und da sieht man Gemüse, Kohl und Salat.

Im Garten sind mehrere Männer mit verschiedenen Arbeiten beschäftigt: es sind Gärtner. Vorn an der Hauptallee steht ein Gärtner vor einem Obstbäumchen. Er hält eine Baumschere; er beschneidet diesen Baum. In der Tasche seiner Schürze stecken Weidenruten, mit welchen er die Zweige und Äste an Stützen bindet. Vor diesem Gärtner befinden sich allerlei Geräte auf dem Boden: ein Eimer, um Wasser aus dem Brunnen zu schöpfen; eine Gießkanne, um die Pflanzen zu begießen; Blumen=töpfe, in welche er Pflanzen setzt; ein Rechen, womit er die Beete und Wege ebnet; ein Gartenmesser, womit er die Bäume ausschneidet; ein Schubkarren, um die Erde und den Dünger zu fahren.

Ein junger Arbeiter hat einen Spaten in der Hand; er gräbt den Boden um. Weiter rechts hält ein dritter Arbeiter eine lange Stange, womit er die Raupen von den Bäumen wegnimmt; er raupt die Bäume ab.

§ 106. — Gefunden.

Ich ging im Walde
So für mich hin,
Und nichts zu suchen,
Das war mein Sinn.

Im Schatten sah ich
Ein Blümchen stehn,
Wie Sterne leuchtend,
Wie Aeuglein schön.

Ich wollt es brechen,
Da sagt' es fein :
'' Soll ich zum Welken
Gebrochen sein? ''

Ich grub's mit allen
Den Würzlein aus,
Zum Garten trug ich's
Am hübschen Haus.

Und pflanzt es wieder
Am stillen Ort,
Nun zweigt es immer
Und blüht so fort.

Goethe.

§ 107. — Satzgefüge : Nebensatz mit : nachdem (=wenn) — nachdem (=als) — kaum, sobald.

(Siehe Satzreihe : Der Bauer sät das Korn § 26).

Merksätze.

I. Nachdem { der Bauer auf dem Acker angekommen ist, zieht er Furchen mit dem
Wenn { Pflug.
Nachdem { er Furchen mit dem Pflug gezogen hat, nimmt er einen Sack voll
Wenn { Korn.

II. Nachdem { der Bauer auf dem Acker angekommen war, zog er Furchen mit
Als { dem Pflug.
Nachdem { er die Furchen mit dem Pfluge gezogen hatte, nahm er einen Sack
Als { voll Korn.

III. Kaum ist der Bauer auf dem Acker angekommen, so zieht er Furchen.
Kaum war der Bauer auf dem Acker angekommen, so zog er Furchen.

Anmerkung. Wenn in einem Satzgefüge der Hauptsatz nach dem Nebensatz steht, so tritt in dem Hauptsatz das Subjekt hinter das Verb. (Inversion.)

Uebung. Bilde ähnliche Satzgefüge mit den übrigen Sätzen derselben Satzreihe.

IV. Die Insekten.

§ 108. — **Die Biene** (nach dem 3. Bild, recto 3).

Dieses Bild zeigt uns die Bienen im Frühling. Mehrere Bienenstöcke stehen auf einem sonnigen Feld voll Blumen. Aus diesen Blumen saugen die Bienen den süßen Honig, den sie in ihre Körbe tragen. Diese stehen in Reihen auf Pfählen und Bret=tern; sie sind mit Stroh bedeckt, damit der Regen nicht hineinbringt. Unten in jedem Korb ist eine Öffnung, wodurch die Bienen hinein= und hinauskriechen. Alle Bienen, die im Korbe wohnen, gehorchen einer Königin.

* *

Im Frühling vermehren sich die Bienen. Wenn sie im Korbe zu zahlreich geworden sind, so müssen sie ausziehen. Die ausziehenden Bienen versammeln sich und bilden einen Schwarm. Die Königin fliegt voran; die anderen schwärmen um sie herum, bis sich die Königin an irgend einem Ort niederläßt.

Auf unserem Bild hat sich die Königin an den unteren Zweig eines Baumes gesetzt; die anderen haben sich um sie herumgehängt, so daß sie einen großen, schwarzen Klumpen bilden.

Nun kommt ein Mann, der Bienenvater, herbei. Er hält einen Korb mit der linken Hand; mit der rechten faßt er den Zweig und schüttelt denselben, um den Schwarm in den Korb fallen zu lassen. Er muß aber sehr behutsam zu Werke gehen. Er trägt Handschuhe und eine Maske von Draht, damit die Bienen ihn nicht mit ihren Stacheln zerstechen. Daneben kniet im Gras ein zweiter Mann; er bereitet einen Korb für einen anderen Schwarm.

Die Biene ist ein nützliches Insekt. Die Wespe und der Maikäfer sind schädliche Insekten.

§ 109. — **Satzgefüge : Auslassung der Konjunktion : wenn.**

Merksätze.

Ist der Bauer auf dem Acker angekommen, (so) zieht er Furchen mit dem Pflug.
Hat er die Furchen einmal gezogen, (so) nimmt er einen Sack voll Korn.
Sind die Bienen zu zahlreich geworden, (so) müssen sie ausziehen.

Uebung. Bilde ähnliche Satzgefüge mit andern Satzreihen.

§ 110. — Die Biene und die Taube.

Eine Taube sass auf einem Baume.

Unten floss ein Bach vorbei. Eine Biene trank und fiel hinein. Die Taube brach ein Blatt ab und warf es ihr zu. Die Biene half sich damit aus dem Wasser und kam glücklich davon.

Es ist doch schön, wenn man gerne hilft.

Bald darauf sass die Taube wieder auf dem Baum. Ein Jäger kam und zielte mit der Flinte nach ihr. Das sah die Biene. Sie flog hinzu und stach ihn in die Hand. Der Jäger zuckte und schoss fehl, und die Taube kam glücklich davon.

Es ist doch schön, wenn man dankbar ist.

§ 111. — Knabe und Schmetterling.

KNABE : Schmetterling,
     Kleines Ding,
     Sage, wovon du lebst,
     Dass du nur stets in Lüften schwebst!

SCHMETTERLING : Blumenduft, Sonnenschein,
     Das ist die Nahrung mein.
     Der Knabe, der wollt' ihn fangen,
     Da bat er mit Zittern und Bangen :
     " Lieber Knabe, tu' es nicht,
     Lass mich spielen im Sonnenlicht.
     Eh' vergeht das Abendrot,
     Lieg' ich doch schon kalt und tot. "

                           W. HEY.

§ 112. — Satzgefüge : Nebensatz mit : ehe, bevor.

Merkfätze.

Noch ehe das Abendrot vergeht, liegt der Schmetterling kalt und tot.

Ehe } die Bauunternehmer den Bauplan ausführen, zeichnet der Architekt den
Bevor }   Plan.

Ehe } die Maurer die Mauern bauen, graben die Erdarbeiter den Grund.
Bevor }

Uebung. Bilde ähnliche Satzgefüge mit den Sätzen derselben Reihe und anderer Satzreihen.

V. Bauernhof und Haustiere.

§ 113. — Der Bauernhof (nach dem 2. Wandbild, verso 1).

Im Frühling ist der Bauer sehr tätig. Wir wollen ihn in seinem Hof besuchen. Dieses Bild zeigt uns einen Bauernhof. Im Hintergrund sehen wir die Wohnung des Bauern mit ihrem Ziegeldach. Ein Weingeländer schmückt die Vorderseite. Eine Leiter steht vor einem Dachfenster, weil man Stroh auf den Boden bringen will. Eine runde Luke erhellt den Boden.

Um den Hof herum stehen die Nebengebäude. Es sind Stallungen für die Haustiere. Links sehen wir zuerst einen hölzernen Schuppen, von hohen Bäumen beschattet. Oben ist ein Haus für die Tauben eingerichtet; das ist ein Taubenschlag. Dem Schuppen gegenüber ist ein Stall für die Schweine, ein Schweinestall; vor diesem Stall sehen wir Schweine, welche den Mist mit ihrem Rüssel aufwühlen. Im Misthaufen steckt eine Mistgabel. Auf dem Dache des Schweinestalls erblicken wir eine schwarze Katze, die nach Mäusen jagt.

Rechts bemerken wir eine hohe, geräumige Scheune. Darin sind Strohbündel aufgehäuft. Vor dieser Scheune ist ein Ziehbrunnen mit steinerner Einfassung. Über demselben hängt ein Eimer, um Wasser zu schöpfen.

Hinten auf dem Hofe, sehen wir einen Bauern, der eben mit einem Leiterwagen von dem Felde zurückkommt. Dieser Wagen hat zwei Räder; es ist ein Karren; er ist mit einem Pferde bespannt. Der Bauer spannt das Pferd aus.

Ganz vorn ist der Hühnerhof. Eine Bäuerin füttert das Geflügel. Sie hat Körner in ihre Schürze getan; sie nimmt eine Handvoll Körner aus der Schürze heraus und streut sie dem Geflügel hin. Mehrere Hühner, Küchlein, Gänse, ein Hahn und ein Truthahn laufen herbei, um die Körner aufzupicken. Hinter der Bäuerin steht ein kleines Mädchen; dieses trägt einen Korb voll Eier, welche die Hühner gelegt haben. Neben ihr sitzen zwei Tauben auf einem Schubkarren. Vor ihr ist eine Pfütze, worauf Enten und Entchen schwimmen. Nahe bei dieser Pfütze sind zwei Kaninchen, welche Kohlblätter fressen.

§ 114. — Satzgefüge : Nebensatz mit : während (=indem).

Merksätze.

Der Bauer spannt das Pferd aus; indessen gibt die Bäuerin den Hühnern ihr Futter.
Während der Bauer das Pferd ausspannt, gibt die Bäuerin den Hühnern ihr Futter.

Die Hühner picken die Körner auf; indessen fressen die Kaninchen Kohlblätter.
Während die Hühner die Körner aufpicken, fressen die Kaninchen Kohlblätter.

Uebung. Bilde ähnliche Satzgefüge nach andern Wandbildern.

§ 115. — Das Huhn und der Hahn (nach dem 2. Bild, verso 1).

1. Teile des Körpers. Der Hahn trägt auf dem Kopfe einen roten Kamm. Er hat einen starken, gebogenen Schnabel. Sein Hals ist lang; er kann ihn schnell umdrehen und bewegen; derselbe ist sehr beweglich. Sein Körper ist mit bunten Federn bedeckt. An seinem Rumpf sitzen zwei Flügel, aber sein Körper ist sehr schwer: er kann nicht gut fliegen. Sein Schwanz besteht aus langen Federn. An jedem Bein trägt er einen Sporn. — **2. Gattung.** Das weibliche Huhn heißt die Henne. Die Henne ist kleiner als der Hahn; sie hat auch kein so schönes Gefieder. Das junge Huhn heißt Hühnchen oder Küchlein; der Körper desselben ist mit Flaum bedeckt. — **3. Lebensgewohnheiten.** Der Hahn spaziert auf dem Hof herum; er hebt den Kopf stolz in die Höhe. Der Hahn ist wachsam; morgens in aller Frühe kräht er und weckt die Hausbewohner. Die Henne kräht nicht: sie gackert. Die Henne scharrt mit den Füßen in der Erde; sie frißt Insekten und Würmer; sie pickt die Körner auf. — **4. Nutzen.** Das Huhn legt Eier. Damit bäckt die Köchin Eierkuchen. Es gibt uns auch seine Federn und sein Fleisch. Die Henne brütet die Eier aus. Nach drei Wochen kriechen die Küchlein heraus. Die Henne liebt ihre Küchlein wie die Mutter ihre Kinder.

Uebung. Vergleiche das Huhn mit der Ente, mit der Gans. u. s. w.

§ 116. — Der Haushahn.

Eine fleissige Hausfrau weckte ihre beiden Mägde alle Morgen, sobald der Haushahn krähte, zur Arbeit. Die Mägde wurden über den Hahn sehr zornig und sagten zu einander: "Wenn der verwünschte Haushahn nicht wäre, so dürften wir länger schlafen." Sie brachten ihn daher um. Allein die Hausfrau, die schon sehr alt war und immer sehr früh erwachte, wusste nun nicht mehr, welche Zeit es sei. Sie weckte daher die Mägde noch früher, ja oft schon um Mitternacht.

§ 117. — Satzgefüge : Nebensatz mit : wenn (= so oft, jedesmal wenn).

Merksätze.

{ Es ist Frühling, wenn die Schwalben zurückkommen.
{ Wenn die Schwalben zurückkommen, ist es Frühling.
{ Die Schwalben sammeln sich, wenn der Herbst kommt.
{ Wenn der Herbst kommt, (dann) sammeln sich die Schwalben.
{ Wir bekommen Regen, wenn der Südwind weht.
{ Wenn der Südwind weht, bekommen wir Regen.

Uebung. Bilde ähnliche Satzgefüge mit folgenden und anderen dir bekannten Hauptsätzen.

Die Bienen sind zu zahlreich; sie müssen ausziehen.

Die Königin fliegt aus; die anderen schwärmen um sie herum.

Die Kinder sind artig; dann sind sie immer froh.
Der Frühling kommt; die Bächlein rauschen freudig durch das Tal.
Es regnet; ich nehme einen Platz im Innern des Omnibusses.
Das Wetter ist schön; ich gehe zu Fuß nach dem Gymnasium.

§ 118. — Der Fuchs als Musikant.

Der Fuchs verkleidete sich als Musikant. Er nahm Geige und Fiedel-
bogen und lief damit an den Teich. Hier spielte er den Enten einen
lustigen Tanz auf. Die Enten kamen auch gleich ans Ufer, um zu tanzen.
Da sie aber so sehr beim Tanzen wackelten, musste der Fuchs lachen.
Dabei erblickten die Enten seine scharfen Zähne. Sogleich liefen sie ins
Wasser zurück, und der Fuchs hatte das Nachsehen.

§ 119. — Die Katze.

1. **Teile des Körpers.** Die Katze hat einen rundlichen Kopf. Ihre Augen
glänzen Nachts in der Finsternis. Am Maule hat sie lange Haare und scharfe Zähne.
An den Füßen (an den Pfoten) hat sie sehr spitze, scharfe Krallen; diese kann sie vor-
strecken oder einziehen (zurückziehen). Ihre Haare sind weich und glatt und haben
allerlei Farben. — 2. **Stimme.** Die Katze schnurrt, wenn man sie streichelt. Sie
ruft: Miau! Miau! sie miaut. — 3. **Gattung.** Das männliche Tier heißt der
Kater; das weibliche wird oft Mieze genannt (Kosename); das junge heißt Kätzchen.
— 4. **Lebensgewohnheiten.** Die Katze klettert an den Bäumen hinauf und springt von
den Dächern auf den Boden herab: sie ist sehr flink. Sie hält sich gern in der Stube
beim Feuer, am warmen Ofen auf. Sie trinkt gern Milch. Sie schleicht sich in den
Speiseschrank, um von den Tellern zu naschen; sie ist sehr naschhaft. Sie leckt sich die
Haare mit der Zunge: sie ist reinlich. — 5. **Nutzen.** Die Katze fängt die Mäuse und
die Ratten.

§ 120. — Hund und Katze.

„Ei, was bellst du denn, Packan,
So gewaltig zum Baum hinan?
Sitzt wohl Miezchen da oben still
Und nicht herunter kommen will?
Nun, ich kann es ihr nicht verdenken;
Möchtest ihr doch nichts Gutes schenken."

Miezchen saß lang dort auf dem Baum,
Als schlief' sie und hätt' einen schönen Traum.
Packan, der wollte nicht länger warten
Und lief verdrießlich aus dem Garten.
Da wachte geschwind das Miezchen auf
Und eilte davon mit schnellem Lauf.

W. Hey.

§ 121. — Der treue Peter.

In einem engen Hofe in einer grossen Stadt wohnte ein armer Knabe, der war kränklich von seiner ersten Jugend an. Seine kleinen Freunde besuchten ihn oft. Aber wenn die schöne Frühlingssonne schien, liefen sie hinaus und spielten auf der Strasse. Dann sass der Knabe allein auf seinem Stuhle, und die Zeit wurde ihm recht lang.

Eines Tages brachte die Nachbarin dem kranken Knaben ein Kätzchen. Es erhielt den Namen Peter und der Knabe hatte seine Freude an dem munteren Tierchen. Es sass auf seinem Schoss und spielte mit ihm und verliess ihn nie. Nachts lag es auf dem Stuhle neben dem Bette des Kindes. Das dauerte zwei volle Jahre. Da starb der kranke Knabe. Die Mutter weinte und auch der Peter war sehr traurig. Man gab ihm Futter, aber er nahm nichts. Er lag still neben dem kleinen Sarge. Endlich kamen die schwarzen Männer und trugen die Leiche hinaus auf den Friedhof. Da wollte auch der Peter mitgehen. Aber man sperrte ihn ein.

Am folgenden Tage war Peter verschwunden. Man suchte ihn im ganzen Hause, aber man fand ihn nicht. Nach einigen Tagen ging die Mutter auf den Friedhof. Da lag Peter auf dem Grabhügel. Man nahm ihn mit nach Hause und gab ihm Milch, aber er nahm nichts. Nicht lange darauf war er wieder entlaufen, und nach drei Tagen fand man ihn tot auf dem Grabe seines Freundes.

Nach LENZ.

§ 122. — Satzgefüge : Nebensatz mit : seitdem (seit).

Merksätze.

Die Mägde hatten den Hahn umgebracht; seitdem wurden sie von der Hausfrau noch früher geweckt.

Seitdem die Mägde den Hahn umgebracht hatten, wurden sie von der Hausfrau noch früher geweckt.

Uebung. Bilde ähnliche Satzgefüge mit folgenden Hauptsätzen.

Die Katze sitzt auf dem Baum; seitdem bellt der Hund.

Der Knabe war tot; seitdem nahm die Katze kein Futter mehr.

Ich habe das Blümlein in mein Gärtchen gepflanzt; seitdem blüht es immer fort.

Der Frühling ist ins Land gekommen; seitdem singt die ganze Natur einen fröhlichen Auferstehungschor.

Ich bin nun in Quinta; ich habe seitdem viel Neues gelernt.

§ 123. — **Der Hund** (nach dem 4. Wandbilde, recto 3).

1. Teile des Körpers. Der Mund und die Nase des Hundes heißen die Schnauze. Mit der Nase kann er sehr gut riechen. Er hat scharfe Zähne. — **2. Stimme.** Nachts bellt und heult er; er knurrt, wenn ein andrer Hund ihm nahe kommt; er winselt, wenn er leidet. — **3. Gattung.** Der weibliche Hund heißt Hündin. Ein Hund, der lange Haare hat, heißt Pudel. Ein Hund, der einen dicken, runden Kopf hat, heißt Mops. Der Spitz hat spitze Ohren. — **4. Bewegungen.** Mit den Beinen kann er sehr schnell laufen und springen. Mit dem Schwanze wedelt er. Er beißt, wenn er böse ist. Mit der Zunge leckt er die Hände seines Herrn. — **5. Eigenschaften.** Man kann ihn allerlei Kunststücke lehren, zum Beispiel aufrecht stehen, über einen Stock springen: er ist gelehrig und klug. Wenn der Herr seinen Hund ruft, so läuft dieser schnell herbei; er folgt dem Ruf, er ist folgsam. Er liebt seinen Herrn bis zum Tode; er ist ein treues Tier. — **6. Nutzen.** Der Hund bewacht das Haus und den Hof (Hofhund). Er hilft dem Schäfer das Vieh hüten (Schäferhund). Auf der Jagd verfolgt er das Wild (Jagdhund). Er zieht den Wagen der Milchfrau (Zughund). — **7. Schaden.** Der Hund kann beißen, wenn man ihn neckt (hetzt); er ist sehr gefährlich, wenn er toll wird.

§ 124. — Möpschen und Spitzchen.

M. — '' Hör'! Spitzchen, ich will dich was fragen.
Du sollst mir ganz heimlich sagen :
Wo hast du den schönen Knochen versteckt,
Dass ihn kein böser Dieb entdeckt ? ''

Sp. — '' Nein, Möpschen, ich schweige lieber still;
Der Dieb ist's eben, der 's wissen will. ''
Das Möpschen hat gesucht und gerochen,
Bis hinter dem Stall es fand den Knochen;
In seiner Schnauze hat es ihn schon,
Da bekam es gar einen schlimmen Lohn;
Herr Spitz, der fasst' es so derb am Kragen,
Da lief es davon mit Schreien und Klagen.

W. HEY.

§ 125. — **Satzgefüge : Nebensatz mit : bis.**

Merksätze.

Das Möpschen suchte und roch so lange, bis es den Knochen hinter dem Stalle fand.

Die Lerche duckte ihren Kopf, bis der letzte Wagen vorüber war.

Uebung. Bilde ähnliche Satzgefüge mit folgenden Hauptsätzen :

Miezchen saß lange auf dem Baum; endlich wurde der Hund verdrießlich und eilte davon.

Die Enten hielten den Fuchs lange für einen Musikanten; endlich erblickten sie seine scharfen Zähne.

Die Lerche blieb lange auf dem Neste sitzen; endlich schlüpften drei Vöglein aus den Eiern heraus.

Bilde selbst ähnliche Satzgefüge.

§ 126. — Der Hund und der Kaufmann.

Ein Kaufmann hatte einen Hund; der war sehr wachsam und treu. Eines Tages war der Kaufmann auf den Jahrmarkt geritten und hatte viel Geld eingenommen. Das hatte er in einem Sacke hinter sich auf das Pferd geschnallt. Der Hund lief neben ihm her. Nach einiger Zeit fiel der Sack herab, ohne dass es der Kaufmann bemerkte. Der Hund aber sah es und fing an zu winseln. Der Kaufmann achtete nicht darauf. Da bellte der Hund immer ärger. Darüber wurde sein Herr zornig und schlug ihn mit der Peitsche. Aber der treue Hund hörte nicht auf zu bellen. Er sprang an dem Pferd hinauf und biss es in die Beine, damit es nicht weiter gehen sollte. Nun dachte der Kaufmann : " Mein Hund ist toll geworden. " Er ergriff seine Pistole und schoss seinen armen Hund nieder. Als er eine Strecke weiter geritten war, fühlte er mit der Hand hinter sich und erschrak — sein Sack, worin er das Geld hatte, war weg. Schnell ritt er zurück. Ueberall auf der Strasse sah er Blutspuren von seinem Hunde. Endlich kam er an den Ort, wo sein Geldsack herunter gefallen war. Da lag sein treuer Hund neben dem Sacke. Er wedelte mit dem Schwanz, leckte seinem Herrn die Hand und starb.

Nach CAMPE.

§ 127. — Der Kuhstall (nach dem 2. Wandbilde, verso 2).

Dieses Bild zeigt uns einen Stall für die Kühe — einen Kuhstall. Derselbe ist offen. Darin steht eine Kuh vor einer Raufe, in welche man Futter gesteckt hat; sie frißt das Futter. Vor dem Stall sehen wir noch zwei große Kühe, eine schwarze und eine braune. Zwischen beiden ist ein Kalb, welches um den Hals ein Halsband mit einem Glöckchen trägt. Die braune Kuh ist mit einer Leine an die Wand angebunden; die schwarze ist nicht angebunden; sie ist frei. Neben der braunen Kuh sitzt ein Knecht auf einem niedrigen Schemel. Er melkt die Kuh. Die Milch fließt aus dem Euter der Kuh in einen Eimer, den der Mann zwischen den Beinen hält.

* *
*

Am Stalle links bemerken wir einen Milchkeller ; der Milchkeller ist offen ; ein hoher Pfeiler stützt das Dach. Der Boden ist gepflastert; auf demselben stehen Töpfe voll Milch und Kübel. An den Wänden sind Bretter angebracht, worauf Stücke Butter, Käse und allerlei Schalen und Flaschen stehen.

In der Ecke rechts steht eine Bäuerin (eine Meierin) vor einem Butterfaß. Sie hat Rahm in das Butterfaß gegossen; sie stampft den Rahm, um daraus Butter zu machen (sie buttert). Links an einem langen, hölzernen Tische macht eine andere Bäuerin Käse. Ihre Ärmel sind aufgestreift. Sie nimmt einen Käse aus der Form und legt ihn auf eine Platte zum Trocknen.

§ 128. — **Die Kuh** (Nach dem 2. Wandbilde, verso 2).

1. Teile des Körpers. Die Kuh ist ein großes Tier. Ihr Kopf ist breit. Am Kopfe sitzen zwei Hörner. Mit den Hörnern kann sie stoßen und sich wehren. Ihr Hals ist dick. Unten am Rumpf hat sie ein Euter. Ihr Schwanz ist am Ende mit langen Haaren (mit einem Haarbüschel) versehen. Ihre Haut (ihr Fell) ist mit Haaren bewachsen. — **2. Stimme.** Die Kuh hat keine schöne Stimme, sie brummt oder brüllt. — **3. Gattung.** Das männliche Tier heißt der Stier oder der Ochse; das junge Tier heißt das Kalb. Alle zusammen nennt man das Rindvieh. — **4. Lebensgewohnheiten.** Die Kuh läßt sich von einem Kinde führen: sie ist ein sanftes Tier. Der Stier ist wild und unbändig. Wenn er zornig ist, so stampft er mit den Füßen, stürzt auf seinen Feind los, faßt ihn mit den Hörnern und wirft ihn hoch in die Luft. Im Sommer werden die Kühe von dem Hirten (von dem Kuhhirten) auf die Weide getrieben. Im Winter bleiben sie im Stalle (im Kuhstalle). Sie werden mit Heu, Stroh, Kartoffeln und Rüben gefüttert. — **5. Nutzen.** Die Kuh zieht den Wagen und den Pflug. Sie gibt uns die süße Milch; man melkt sie zweimal am Tage. Auf der Milch bildet sich der fette Rahm oder die Sahne; aus der Milch wird Käse und Butter bereitet. Das Rind- und das Kalbfleisch ist sehr schmackhaft. Aus der Haut der Kuh macht man Leder. Aus ihren Hörnern macht man Kämme. Die Kuh ist ein sehr nützliches Tier.

Uebung. Vergleiche die Kuh mit der Ziege.

§ 129. — **Die Hausfrau buttert** (Satzreihe).

Präsens.	Präteritum.	Partizip.
1. Die Hausfrau nimmt eine Schale voll Rahm.	nahm	genommen
2. Sie deckt das Butterfaß auf.	deckte	gedeckt
3. Sie gießt den Rahm in das Butterfaß.	goß	gegossen
4. Sie deckt das Butterfaß zu.	deckte	gedeckt
5. Sie stampft den Rahm.	stampfte	gestampft
6. Der Rahm wird nach und nach zu Butter.	wurde	geworden
7. Sie nimmt die Butter heraus.	nahm	genommen
8. Sie formt daraus ein Stück Butter oder einen Wecken.	formte	geformt
9. Sie legt das Stück Butter auf das Brett.	legte	gelegt
10. Sie reinigt das Faß.	reinigte	gereinigt

§ 130. — Satgefüge : Nebenſatz mit : damit (= auf daß, daß).

Merkſätze.

{ Die Hausfrau ſtampft den Rahm, dadurch wird er zu Butter.
{ Die Hausfrau ſtampft den Rahm, damit er zu Butter wird.

Die Kuh wird angebunden, damit ſie nicht fortlaufen kann.

Der Hund biß das Pferd in die Beine, damit es nicht weiter gehen ſollte.

Uebung. Bilde ähnliche Satzgefüge mit folgenden Hauptſätzen :

Der Fuchs verkleidete ſich als Muſikant; die Enten ſollten ihn nicht erkennen.

Eine Leiter ſteht vor dem Dachfenſter; auf dieſe Weiſe kann man das Stroh auf den Boden bringen.

Der Ziehbrunnen iſt mit einer Einfaſſung umgeben; ſo fallen die Kinder nicht hinein.

Die Bienenkörbe ſind mit Stroh bedeckt; ſo kann der Regen nicht hineinbringen.

Bilde ſelbſt ähnliche Sätze nach den geleſenen Stücken.

§ 131. — Die Kuh.

'' Kuh, die weisse Milch uns gibt,
Bist ja heute so sehr betrübt;
Sprangst auf der grünen Weide doch
Gestern so froh mit dem Kälbchen noch!
Heute rufst du kläglich : Muh! Muh!
Sag', was fehlt dir, liebe Kuh? ''

'' Ach! der Fleischer ist früh gekommen,
Hat mir mein buntes Kälbchen genommen,
Hetzte die bösen Hunde ihm nach,
Gab ihm gar manchen harten Schlag.
Kind darf froh bei den Eltern sein,
Fleischer macht tot das Kälbchen mein ''.

W. HEY.

§ 132. — Satgefüge : Nebenſatz mit: indem (= dadurch daß).

Merkſätze.

{ Der Hund biß das Pferd in die Beine; dadurch wollte er ſeinen Herrn aufmerk-
{   ſam machen.
{ Der Hund wollte ſeinen Herrn aufmerkſam machen, indem er das Pferd in die
{   Beine biß.
{ Man ſtampft den Rahm; dadurch wird er zu Butter.
{ Indem man den Rahm ſtampft, wird er zu Butter.

Uebung. Bilde ähnliche Satzgefüge mit folgenden Hauptſätzen, ſo daß der mit indem beginnende Nebenſatz bald vor, bald hinter dem Hauptſatz ſteht:

Die Katze leistet uns große Dienste; sie fängt Mäuse und Ratten.
Der Fuchs lockte die Enten herbei; er spielte ihnen einen Tanz auf.
Die Henne brütet die Eier aus; sie bleibt drei Wochen darauf sitzen.
Die Taube half der Biene aus dem Wasser; sie warf ihr ein Blatt zu.
Die Biene rettete der Taube das Leben; sie stach den Jäger in die Hand.
Bilde selbst andere ähnliche Satzgefüge nach den gelesenen Stücken.

§ 133. — **Pferdestall** (Beschreibung des 2. Wandbildes, verso 3).

Dieses Bild zeigt uns einen Stall, worin Pferde stehen; es ist also ein Pferde=
stall. Dieser Stall ist hoch und breit; er ist geräumig. Oben sehen wir einen Boden
aus starken Brettern, von Balken und Pfählen gestützt. Die Stalltür ist offen; sie
geht auf einen sonnigen Hof. Der Fußboden des Stalls ist gepflastert. Dort, wo die
Pferde stehen, ist er mit Stroh bestreut : das nennt man die Streu.

An einem Türflügel hängt eine Laterne, um nachts den Stall zu beleuchten, eine
Bürste und ein Striegel, um die Pferde zu putzen (striegeln). An einem Pfahl in
der Mitte hängt das Pferdegeschirr. Auf dem Pflaster befinden sich mehrere Dinge
zum Reinigen des Stalls, nämlich ein Eimer, ein Rechen und ein Besen. Hinten
an der Wand hin ist eine Raufe ; auf diese steckt man das Futter für die Pferde.
In der Wand ist ein Ventilator, um den Stall zu lüften.

§ 134. — **Personen im Pferdestall.**

Mehrere Knechte sind im Stalle ; sie pflegen die Pferde. Rechts wird ein weißes
Pferd (ein Schimmel) angeschirrt. Ein Knecht steht neben demselben ; er trägt einen
braunen Filzhut, einen weißen Kittel und braune Hosen ; er hat auch eine Peitsche
über der rechten Schulter hängen. Er legt dem Pferde eine Decke auf den Rücken.
Hinter diesem Pferde befindet sich ein junger Bursch. Er hält eine Gabel in den
Händen ; mit derselben steckt er Futter auf die Raufe.

In der Mitte sehen wir eine braune Stute (ein weibliches Pferd) mit ihrem
jungen Füllen. Sie fressen Heu aus der Raufe. Vor beiden steht ein Knecht. Er hält
eine hölzerne Gabel ; er streut Stroh auf den Boden.

Draußen auf dem Hofe wird ein Pferd vor einen Wagen gespannt. Ein Knecht
bindet die Riemen an die Deichsel des Wagens.

§ 135. — **Der Knecht spannt das Pferd an** (Satzreihe).

1. Der Knecht bindet das Pferd los.	band	gebunden
2. Er nimmt das Geschirr, nämlich den Sattel, den Zaum, die Zügel und die Riemen.	nahm	genommen
3. Er schirrt damit das Pferd an.	schirrte	geschirrt
4. Er führt es an die Deichsel des Wagens.	führte	geführt
5. Er spannt es vor den Wagen.	spannte	gespannt
6. Der Wagen ist angespannt.		
7. Das Pferd zieht den Wagen.	zog	gezogen

§ 136. — **Satzgefüge : Nebensatz mit : so... daß.**

Merksätze.

Die Biene stach den Jäger so heftig, daß er fehlschoß.

Der Hund bellte so heftig, daß ihn sein Herr für toll hielt.

Uebung. Bilde ähnliche Satzgefüge mit folgenden Hauptsätzen :

Peter liebte den kranken Knaben sehr; nach dessen Tode starb er vor Trauer.

Die Enten wackelten drollig; der Fuchs mußte darüber lachen.

Die Bienen hängen sich um die Königin herum; sie bilden einen großen, schwarzen Klumpen.

Der Wald war sehr traurig; das Maiblümchen hatte Mitleid mit ihm.

Bilde selbst ähnliche Satzgefüge nach den gelesenen Stücken.

§ 137. — **Das Pferd.**

1. Teile des Körpers. Das Pferd ist ein schönes Tier. Seine Augen sind lebhaft. Am Halse hängen lange Haare herab, welche die Mähne bilden. Seine Beine sind hoch und schlank. Jeder Fuß ist mit einem Hufe versehen. Dieser ist aus Horn. Der Schmied beschlägt ihn mit einem Eisen (einem Hufeisen). Der Schwanz des Pferdes (sein Schweif) hat sehr lange Haare. — **2. Stimme.** Das Pferd wiehert. Mit den Nasenlöchern schnaubt es. — **3. Gattung.** Das männliche Pferd heißt Hengst; das weibliche heißt Stute; das junge, Füllen. Ein sehr schönes Pferd heißt ein Roß; ein altes, mageres Pferd nennt man einen Gaul. — **4. Bewegungen.** Das Pferd geht im Schritt, im Trab, es läuft Galopp. — **5. Lebensgewohnheiten.** Das Pferd kann im Zirkus allerlei Kunststücke verrichten : es ist sehr gelehrig; es liebt seinen Herrn, wenn er es nicht mißhandelt; es ist ein treues Tier. Wird es aber mißhandelt, so schlägt es oft mit den Hinterbeinen aus; vor dem Geräusch scheut es leicht; dann springt es zur Seite, bäumt sich, wirft den Reiter ab oder geht durch. — **6. Nutzen.** Das Pferd zieht den Wagen (Zugpferd) und trägt den Reiter (Reitpferd).

Uebung. Vergleiche das Pferd mit dem Esel.

§ 138. — Pferd und Füllen.

"Springe nur, Füllen, mein fröhlich Kind,
Her und hin, hurtig wie der Wind;
Bist noch ein Weilchen frank und frei.
Wirst du erst gross, dann ist's vorbei;
Hast dann Müh und Arbeit genug,
Trägst den Reiter, ziehest den Pflug."

Das Füllen sprang mit frohem Sinn
So hurtig neben der Mutter hin
Und durfte spielen und scherzen bloss;
So wurd' es gar schön und stark und gross.
Dann hab' ich's gesehen nach drei Jahren,
Da konnt'es den schwersten Wagen fahren. — W. Hey.

§ 139. — Der ertappte Dieb.

Man hatte einem Bauersmann sein Pferd aus dem Stalle gestohlen. Kurze Zeit darauf ging er auf den Markt. Wie erstaunte er, als er sein Pferd in den Händen eines unbekannten Mannes sah! Schnell ergriff er den Zügel des Pferdes und rief laut : " Das ist mein Pferd; vorige Woche hat man es mir gestohlen. " Der Unbekannte sagte ruhig : " Sie irren sich, lieber Freund. Dieses Pferd gehört mir und mag wohl dem Ihrigen ähnlich sein. " Da hielt der Bauer dem Pferde beide Augen zu und sagte : " Wenn das Pferd Ihnen gehört, so sagen Sie mir doch, auf welchem Auge es blind ist. " Jener erwiderte schnell : " Auf dem linken Auge. " — " Sie sehen wohl, dass Sie es nicht wissen! " rief der Bauer, indem er das linke Auge zeigte. " — " Nein, ich habe mich versprochen, auf dem rechten Auge " entgegnete der Fremde. Nun deckte der Bauer auch das rechte Auge auf und sprach : " Jetzt ist es klar, dass du ein Dieb und ein Lügner bist. Das Pferd ist auf keinem Auge blind. " Alle Umstehenden lachten und riefen : " Der Dieb ist ertappt! " Er wurde verhaftet, ins Gefängnis geführt und bestraft.

§ 140. — Satzgefüge : Nebensatz mit : weil.
Frage mit : Warum? weshalb?
Merksätze.

Der Mann hatte das Pferd gestohlen; deshalb wurde er ins Gefängnis geführt.
Der Mann wurde ins Gefängnis geführt, weil er das Pferd gestohlen hatte.
Weil der Mann das Pferd gestohlen hatte, wurde er ins Gefängnis geführt.

Uebung. Bilde ähnliche Satzgefüge mit folgenden Hauptsätzen, so daß der Nebensatz bald vor, bald hinter dem Hauptsatz steht :

Die Kuh brummte kläglich; denn der Fleischer hatte ihr ihr Kälbchen genommen.
Der Kaufmann schoß auf seinen Hund; denn er hielt ihn für toll.
Die Katze war sehr traurig; denn der Knabe war gestorben.
Die Enten liefen ins Wasser zurück; denn sie hatten die scharfen Zähne des Fuchses erblickt.
Bilde selbst ähnliche Satzgefüge mit Sätzen aus den gelesenen Stücken.

§ 141. — **Die Herde auf der Weide** (nach dem 2. Wandbilde, verso 4).

Am Eingang des Dorfes bemerken wir eine Herde. Darin sehen wir Schafe, Ziegen oder Geisen, Geislein und Lämmer. Einige Schafe fressen das Gras auf der Weide ab. Andere liegen auf dem Gras; sie scheinen satt zu sein. Am Bach steht ein Widder mit gewundenen Hörnern. Hinter ihm ist ein stattlicher Bock mit langem Bart am Kinne und langen, auseinanderstehenden Hörnern. Vorn befindet sich ein langhaariger Hund; er hütet die Herde; es ist ein Schäferhund. In der Mitte der Herde steht ein junger Schäfer mit blauem Kittel; er stützt sich auf seinen Stab und spricht mit einem Bauern.

§ 142. — **Das Schaf** (nach dem 2. Wandbilde, verso 4).

1. Teile des Körpers. Der Körper des Schafs ist mit langen, weichen, krausen Haaren bewachsen: das ist die Wolle. Es hat magere Beine. — **2. Stimme.** Das Schaf blökt. **3. Gattung.** Auf unserem Bilde sehen wir mehrere Schafe. Das Schaf zur Linken hat zwei gewundene Hörner: das ist das männliche Schaf, der Widder oder der Hammel. Das junge Schaf heißt Lamm oder Lämmchen. — **4. Lebens= gewohnheiten.** Das Schaf thut niemanden etwas zu leide; es läßt sich alles gefallen; es dulbet alles: es ist gebulbig. Wenn das Schaf ein Geräusch hört, so fürchtet es sich davor und läuft weg: es ist sehr furchtsam. — **5. Nahrung.** Im Sommer treibt der Schäfer die Schafe auf die Weide. Manchmal bleiben sie nachts auf dem Feld in einem Pferch. Im Winter bleiben sie im Stall (im Schafstall). — **6. Nutzen.** Das Schaf gibt uns seine Wolle. Um Pfingsten werden die Schafe gewaschen. Dann wird ihre Wolle mit einer großen Schere geschoren: das nennt man die Schafschur. Aus der Wolle spinnt man Garn. Aus dem Garn macht man Tuch und Strümpfe. Wir essen das Fleisch der Schafe (Hammelkeule, Hammel= braten).

§ 143. — Der Knabe und der Bock.

Es war einmal ein Bube, der wollte lieber essen als lesen; darum nannten ihn die Leute den Faulen.

Das verdross ihn aber sehr, und er dachte: "Wartet, ich will es euch allen zeigen, wie fleissig ich bin!" Er nahm ein Lesebuch und ging hinaus auf die Strasse. Auf der Strasse lag ein dicker Baumstamm; auf denselben setzte sich der Knabe. Dort mussten die Leute vorbei-gehen. Er nimmt das Buch auf den Schoss, hält es aber verkehrt, so dass die Buchstaben alle auf dem Kopfe stehen. Da sitzt er, guckt hinein und baumelt mit den Beinen. Bald nickt er mit dem Kopfe, denn er ist eingeschlafen.

Wer kommt um die Ecke am Gartenzaun? Der Ziegenbock ist es, ein munterer Gesell. Seine Hörner sind gross, und seine Stirn ist hart. Der tritt zu dem schnarchenden Buben und sieht ihn nicken. "Hei! denkt er, meinst du mich? Ich bin schon dabei!" Er stampft mit den Vorderbeinen und geht einige Schritte zurück. Der Junge nickt weiter. "Gleich!" meint der Bock, nimmt einen Anlauf, bäumt sich auf den Hinterbeinen empor, und "puff!" giebt es einen Stoss: der Bock an den Kopf des Buben, der Bube rückwärts vom Stamm, das Buch empor hoch in die Luft! Heulend richtet der Bube sich auf und eilt in das Haus. Hat er keinen Buchstaben im Kopf, hat er doch eine Beule daran.

§ 144. — Der Wolf und die sieben Geislein.

Eine Geis hatte sieben Junge, die sie gar lieb hatte und sorgfältig vor dem Wolf hütete. Eines Tages musste sie ausgehen, um Futter zu holen. Sie rief ihre Kinder zusammen und sagte : " Liebe Kinder, ich muss ausgehen und Futter holen; lasst den Wolf nicht herein. Gebt acht; ihr könnt ihn an seiner rauhen Stimme und an seiner schwarzen Pfote erkennen. " Darauf ging sie fort. Nach einer Weile kam der Wolf vor die Haustür und rief : " Liebe Kinder, macht die Tür auf, ich bin eure Mutter und bringe euch schöne Sachen mit. " Aber die sieben Geislein sprachen : " Unsere Mutter bist du nicht, die hat eine feine Stimme; deine Stimme aber ist rauh; du bist der Wolf, wir machen dir nicht auf! "

* *

Der Wolf ging fort zu einem Krämer und kaufte sich ein grosses Stück Kreide; die ass er und machte seine Stimme fein damit. Danach ging er wieder vor die Haustür der sieben Geislein und rief mit feiner Stimme : " Liebe Kinder, lasst mich ein, ich bin eure Mutter! " Er hatte aber seine Pfote auf das Fenster gelegt; das sahen die Geislein und sprachen : " Unsere Mutter bist du nicht; die hat keinen schwarzen Fuss, wie du; du bist der Wolf, wir machen dir nicht auf. "

* *

Der Wolf ging fort zu einem Bäcker und sprach : " Bäcker, bestreiche mir meine Pfote mit frischem Teig! " Der Bäcker sagte ja und schmierte ihm Teig auf die Pfote. Dann ging der Wolf zum Müller und sprach : " Müller, streu mir weisses Mehl auf meine Pfote. " Der Müller wollte es aber nicht tun. — " Wenn du es nicht tust, so fress ich dich " drohte der Wolf. Da musste es der Müller tun. Darauf ging der Wolf wieder hin zu den Geislein und sagte : " Liebe Kinder, lasst mich ein, ich bin eure Mutter! " Die Geislein wollten aber zuerst die Pfote sehen, und da sie sahen, dass sie schneeweiss war, und hörten dass der Wolf so fein sprach, machten sie die Tür auf, und — da kam der Wolf herein! Sogleich erkannten sie ihn und versteckten sich geschwind, das eine unter den Tisch, das zweite ins Bett, das dritte in den Ofen, das vierte in die Küche, das fünfte in den Schrank, das sechste unter das Waschbecken; das siebente in den Uhrkasten. Aber der Wolf fand sie alle und verschluckte sie; nur das jüngste in dem Uhrkasten fand er nicht.

* *

Als der Wolf satt war, ging er hinaus. Bald darauf kam die alte Geis nach Hause. Was war das für ein Jammer! Der Wolf war da gewesen und hatte ihre lieben Kinder gefressen! Da sprang das jüngste aus dem Uhrkasten und erzählte, wie das Unglück gekommen war. Der Wolf aber war auf die grüne Wiese vor dem Hause gegangen, hatte sich in den Sonnenschein gelegt und war in einen tiefen Schlaf gefallen. Die alte Geis sagte zu dem Geislein : " Nimm Zwirn, Nadel und Schere und folge mir. " Darauf ging sie hinaus, fand den Wolf schnarchend auf der

Wiese liegen. Sie nahm die Schere und schnitt ihm den Bauch auf, und die sechs Geislein sprangen unversehrt heraus. Dann holten sie schwere Steine herbei und füllten damit den Leib des Wolfes, nähten ihn wieder zu, liefen fort und versteckten sich. Bald darauf erwachte der Wolf, fühlte sich schwer im Leibe und suchte einen Brunnen, um zu trinken. Da er sich aber darüber bückte, zogen ihn die schweren Steine hinein, und er musste ersaufen. Da liefen die sieben Geislein herbei und tanzten vor Freude um den Brunnen. Nach GRIMM.

§ 145. — Satzgefüge : Nebensatz mit : Da. Frage mit : Warum? weshalb?

Die Geislein merkten, daß die Pfote des Wolfes schwarz war; deshalb machten sie ihm nicht auf.

Da die Geislein merkten, daß die Pfote des Wolfes schwarz war, machten sie ihm nicht auf.

Uebung. Bilde ähnliche Satzgefüge mit folgenden Hauptsätzen :

Die Hausfrau wußte nicht mehr, welche Zeit es war; deshalb weckte sie die Mägde noch früher.

Die Enten wackelten so sehr beim Tanzen; deshalb mußte der Fuchs lachen.

Der Körper des Hahns ist sehr schwer; deshalb kann er nicht gut fliegen.

Die Katze wollte nicht herunterkommen; deshalb lief der Hund verdrießlich aus dem Garten.

Der Hund bellte immer ärger; deshalb schlug ihn der Herr mit der Peitsche.

Bilde selbst ähnliche Satzgefüge mit Sätzen aus den gelesenen Stücken.

§ 146. — Feldarbeiten im Frühling (nach dem 3 Bild, recto 4).

Dieses Bild zeigt uns das Feld an einem schönen Frühlingstage. Eine sonnige Ebene erstreckt sich weithin. Hie und da stehen Gebüsche und Bäume. Mitten in einem kleinen Grund erblickt man ein Dörfchen. Ein Wald zieht sich rechts bis an einen krummen Feldweg. Das zarte Grün der Saaten erfreut das Auge.

* *

Die Landbewohner haben das Dorf verlassen und arbeiten auf dem Feld. Am Saum des Waldes hütet eine Frau Kühe auf der Weide. Am Wege steht ein Schäfer bei seiner Herde. Ein Bauer bestellt seinen Acker. Schon hat er ihn gepflügt und geeggt; er führt ein Pferd, das eine Walze zieht; er walzt seinen Acker, um die Erdschollen zu ebnen. Vorn sind zwei Frauen. Die eine bückt sich; sie reißt Unkraut aus; sie jätet das Unkraut aus. Die andere hält eine Hacke; sie richtet sich auf und sieht nach dem Feldschützen (Flurschützen), der auf dem Weg steht. Dieser scheint ein alter Soldat zu sein. Er trägt eine Mütze, einen blauen Kittel, braune Hosen und dicke Schuhe; er stützt sich auf einen Stock. Mit seinem langen Schnurrbart sieht er streng aus; er redet die Frau an.

Im Frühling sät der Bauer Gerste und Hafer, er steckt auch Kartoffeln.

VI. Der Markt.

§ 147. — **Der Bauer in der Stadt : der Markt** (nach dem 5. Bilde).

Dieses Bild zeigt uns einen Marktplatz.

Im Hintergrund erheben sich zwei hohe Gebäude : rechts eine Kirche, links das Rathaus, worauf eine Fahne flattert. Dichtbbelaubte Bäume umgeben den Platz ; eine Statue (ein Standbild) steht in der Mitte.

Vorn ist der Platz voll Menschen mit Körben und Kisten. Rechts hat ein Metzger seine Bude aufgeschlagen; er schneidet Stücke Fleisch mit einem Hackbeil auf einem Kloß. In der Mitte bietet eine Gemüsehändlerin ihr Gemüse feil. Auf und unter ihrem Tisch sieht man Obst, Salat, Spargelbündel, Kohlköpfe, Bohnen, u. s. w. Darüber hat sie einen großen Schirm aufgespannt, um sich vor der Sonne zu schützen. An dem Tisch macht eine Köchin ihre Einkäufe. Das Gemüse wird auf einer Wage gewogen.

Links werden Hühner und Kaninchen verkauft. Ein Bauer hält ein junges Huhn, das mit den Flügeln schlägt (schüttelt) und den Schnabel zum Schreien aufsperrt. Ein Mädchen kauft das Huhn (nimmt ihm das Huhn ab).

Weiter hinten kaufen Leute Zeitungen, um die Tagesnachrichten zu lesen.

Am Markttage kaufen die Stadtbewohner von den Landleuten alles, was sie zum Essen brauchen : Hühner, Fleisch, Obst, Gemüse, Eier, Butter, Käse, u. s. w.

§ 148. — Oberlin.

In der Stadt Strassburg auf dem Markte hielt eine Bauernfrau Eier feil. Da rannten zwei Buben an den Korb, stiessen ihn um und liefen mit Lachen davon. Das sah ein anderer Knabe, und im Zorn, mit geballten Fäusten, rannte er den Buben nach. Aber der Knabe blieb auf einmal stehen, als ob er sich besänne, kehrte dann wieder um und lief nach Hause.

Wie aber die Bauernfrau noch über ihre zerbrochenen Eier weinte, langte auf einmal eine kleine Hand in ihren Schoss und schüttelte eine Sparbüchse in die Schürze der Frau aus; und die kleine offene Hand war dieselbe, die sich vorhin im Zorn geballt hatte. Aber der Knabe, dem die Hand gehörte, und der eben seine letzten Kreuzer hergegeben hatte, war schon wieder fort, ehe die Bauernfrau sich bedanken konnte. Der Knabe hiess Oberlin und wurde später ein tüchtiger Mann.

Nach Karl Stöber.

Vierter Teil.

—

Der Sommer. — Naturansichten.

—

I. Beschreibung des Sommers.

§ 149. — Der Sommer.

Nach dem Frühling ist der Sommer gekommen. Die Sonne geht jetzt früher auf als im Frühling. Sie geht auch später unter. Die Sonne steigt jetzt hoch empor. Oft ist es drückend heiß, besonders am Mittag. Dann suchen die Menschen und Tiere Schutz vor der Hitze in den Häusern oder im Schatten der Bäume.

Der Sommer deckt uns den Tisch mit mancherlei Früchten und Gemüsen; im Garten reift er die Kirschen, Stachelbeeren, Johannisbeeren, Gurken, Schoten u.s.w. Im Walde gibt es Erdbeeren. Auch viele Sommerblumen erfreuen uns: Rosen, Nelken, die blaue Kornblume, der Mohn, die rote Klatschrose u. f. w. Die Vögel haben ihre Eier ausgebrütet; emsig fliegen sie hin und her, um ihren Kleinen Futter zu holen.

Die Hitze wird immer größer. Wenn es einige Zeit nicht regnet, so lassen die Pflanzen ihre Köpfe hängen. Nun steigen Wolken am Himmel herauf, es blitzt und donnert, der Regen fällt in großen Tropfen herunter; es bricht ein Gewitter aus. Während eines Gewitters ist es sehr unvorsichtig, unter einem Baum zu stehen, da der Blitz gern in hohe Gegenstände und Gebäude fährt oder einschlägt. Man schützt die Gebäude vor dem Blitz durch den Blitzableiter, eine Erfindung des Amerikaners Franklin. Nach dem Gewitter stehen die Pflanzen wieder erfrischt da, und am Himmel glänzt ein prächtiger Regenbogen mit sieben Farben.

Auf den Wiesen macht der Landmann die Heuernte. Das Getreide auf dem Felde wird gelb und reif. Der Landmann erntet den Roggen, den Weizen, den Hafer und die Gerste.

Nach Heinemann.

§ 150. — Sommerbild.

Heiss brennt der Mittag; glühend wirft die Sonne
Senkrechte Strahlen auf die Felder hin.
Leer sind die Strassen, Wandersleut' und Fuhrleut'
Sind eingekehrt. In kühler Wirtshausstube,
Da sitzen sie beim Mittagbrot und plaudern,
Indes die Gäule schlafen auf dem Hof.
Die Rinder auf den Feldern ruhn im Grase
Und wiederkäu'n behaglich vor sich hin,
Und dicht gedrängt zusammen stehn die Schafe
Und strecken matt den Kopf zur Erde nieder,
Eins in des andern Schatten. Mücken summen,
Und Käfer schwirren brummend durch den Busch.

REINICK.

§ 151. — Das Gewitter.

Die Luft ist schwül und die Hitze drückend. Menschen und Tiere atmen schwer. Niedrig fliegt die Schwalbe. Umwölkt ist der Himmel. Still ist die ganze Natur.

Schneller treiben die Wolken. Dunkler und dunkler wird der Himmel. Schwarz ist das Gewölk. Wirbelnd erhebt sich der Wind, und hoch empor fliegt der Staub. Besorgt eilt der Wanderer unter Dach und leer wird die Strasse. Tief neigen sich die Bäume. Immer heftiger wird der Sturm. Leicht entwurzelt er die dicksten Stämme und zerknickt die stärksten Aeste. In der Ferne leuchtet der Himmel und dumpf rollt der Donner. Immer näher kommt das Gewitter. Sparsam fallen nun Tropfen. In Flammen steht der Himmel. Zackige Blitze zischen durch die Luft. In Strömen braust der Regen herab.

Schneller und schneller folgt der Donner dem Blitze. Krachend fährt der Blitz in der Nähe. Blitz auf Blitz, Schlag auf Schlag. Die Erde bebt. Zerschmettert liegt die Eiche.

§ 152. — Die Schöppenstetter und das Gewitter.

In Schöppenstett sind die Leute sehr dumm, und man erzählt von ihnen allerlei Lustiges. In einem Sommer war es einmal sehr heiss, und die Leute verlangten nach einem Gewitter und nach Regen. Da schickten sie den Klügsten unter ihnen mit einem Tragkorb in die Gegend, wo die Gewitter verfertigt werden und gaben ihm viel Geld mit, dafür sollte er ein Gewitter kaufen und heimbringen. Als er nun dahin kam, setzten ihm die Bauern einen Bienenschwarm in seinen Tragkorb und deckten denselben wieder zu und sagten : " So, da habt ihr ein Gewitter " und nahmen ihm das Geld ab. Unterwegs fingen die Bienen an zu summen; da freute sich der Schöppenstetter und sprach bei sich selbst : " In meinem Tragkorb donnert es schon. " Als er noch eine gute Strecke von dem Dorfe entfernt war, da kamen ihm die andern schon entgegen, und wie sie das Gewitter im Korbe hörten, da wollte jeder für seinen Acker das grösste Stück Gewitter haben, und sie rissen den Deckel auf und griffen mit den Händen hinein und stiessen und rauften sich dabei. Da rauschten aber die Bienen mit grossem Gebrumm heraus und stachen die dummen Menschen so gewaltig, dass sie heulend davon liefen.

(Nach einer Volkssage).

§ 153. — Satzgefüge : Nebensatz mit konditionellem : wenn.

Merksätze.

Du bist unfleißig; deshalb bin ich nicht mit dir zufrieden.
Wenn du fleißiger wärest, so würde ich mit dir zufrieden sein.
Wärest du fleißiger, so wäre ich mit dir zufrieden.

Ich habe nicht frei; deshalb mache ich keinen Spaziergang.
Wenn ich frei hätte,
Hätte ich frei, } so würde ich einen Spaziergang machen.

Du bist nicht ordentlich; deshalb findest du deine Sachen nicht.
Wenn du ordentlich wärest, } so würdest du deine Sachen finden,
Wärest du ordentlich, } so fändest du deine Sachen.

Du wirst nicht fleißiger; deshalb belohne ich dich nicht.
Wenn du fleißiger würdest, } so würde ich dich belohnen.
Würdest du fleißiger,

Imperfekt des Konjunktivs.

Sein.	Haben.	Werden.	Schwache Konjugation.	Starke Konjugation.
ich wäre.	ich hätte.	ich würde.	ich lernte.	ich fände.
du wärest.	du hättest.	du würdest.	du lerntest.	du fändest.
er wäre.	er hätte.	er würde.	er lernte.	er fände.
wir wären.	wir hätten.	wir würden.	wir lernten.	wir fänden.
ihr wäret.	ihr hättet.	ihr würdet.	ihr lerntet.	ihr fändet.
sie wären.	sie hätten.	sie würden.	sie lernten.	sie fänden.

Anmerkung. I. In der schwachen Konjugation ist das Imperfekt des Konjunktivs gleich dem des Indikativs.

II. In der starken Konjugation wird das Imperfekt des Konjunktivs von dem Imperfekt des Indikativs gebildet mit Anhängung der Biegungssilben **e, est, e,** u. s. w. Steht im Imperfekt des Indikativs der Vokal **a, o, u,** so tritt dafür Umlaut ein, z. B. : ich fand, ich fände; ich flog, ich flöge; ich trug, ich trüge, u. s. w.

Erster Konditionalis.

ich würde... sein	oder	ich wäre.
du würdest... sein	—	du wärest.
er würde... sein	—	er wäre.
wir würden... sein	—	wir wären.
ihr würdet... sein	—	ihr wäret.
sie würden... sein	—	sie wären

Konjugiere ebenso: ich würde haben   oder   ich hätte.
                     ich würde werden   —   ich würde.
                     ich würde lernen   —   ich lernte.
                     ich würde finden   —   ich fände.

§ 154. — Die grüne Stadt.

Ich weiss euch eine schöne Stadt,
Die lauter grüne Häuser hat;
Die Häuser, die sind gross und klein,
Und wer nur will, der darf hinein.

Die Strassen, die sind freilich krumm,
Sie führen hier und dort herum;
Doch stets gerade fortzugehn,
Wer findet das wohl allzuschön?

Die Wege, die sind weit und breit
Mit bunten Blumen überstreut;
Das Pflaster, das ist sanft und weich,
Und seine Farb' den Häusern gleich.

Es wohnen viele Leute dort,
Und alle lieben ihren Ort.
Ganz deutlich sieht man dies daraus,
Dass jeder singt in seinem Haus.

Die Leute, die sind alle klein;
Denn es sind lauter — Vögelein,
Und meine ganze grüne Stadt...?
Es meld' sich wer 's erraten hat.

ORTLEPP (etwas verändert).

Uebung. Bilde das Imperfekt des Konjunktivs folgender Verben:

fallen.	bleiben.	essen.	binden.	bieten.	kommen.
fangen.	schreiben.	geben.	finden.	fliegen.	sitzen.
halten.	greifen.	lesen.	singen.	frieren.	bitten.
lassen.		sehen.	springen.	ziehen.	tun.
schlafen.		treten.	trinken.		bringen.
laufen.		—			können.
—		brechen.			dürfen.
schlagen.		nehmen.			müssen.
tragen.		sprechen.			sollen.
fahren.					wollen.
					mögen.

II. Feldarbeiten im Sommer.

§ 155. — Die Heuernte (nach dem 3. Bild, verso 1).

Dieses Bild zeigt uns die Heuernte im Sommer. Es ist im Juni. Die Dorf=
bewohner mähen das Heu im Tal. Links erhebt sich ein sanfter Hügel, auf dem
das Kornfeld schon gelb wird. Links fließt ein Fluß, an dessen Ufer Pappeln und
Weiden wachsen.

Im Hintergrund erblickt man die Dorfhäuser in einer Krümmung des Tals.

Dunkle Wolken steigen am Himmel auf. Ein Gewitter zieht heran. Deshalb
beeilen sich die Bauern, das Heu einzufahren, denn der Regen würde es verderben.
Bei der großen Hitze tragen sie leichte Kleidung und sie haben ihre Hemdärmel aufge=
streift. In der Mitte sehen wir, wie ein Mann und eine Frau mit einem Rechen
einen großen Heuhaufen machen. Daneben wird ein Heuwagen beladen; er ist mit
zwei rüstigen Pferden bespannt. Der Eigentümer der Wiese reicht das Heu mit der
Heugabel auf den Wagen; der Knecht nimmt es hin und legt es zurecht. Wenn der
Wagen voll beladen ist, so werden ihn die Pferde nach der Scheune ziehen.

Rechts schneidet ein Mäher das Gras ab. Dieses Gras wird man mit dem Rechen
ausbreiten und dann wenden, damit es trocken wird (trocknet). Links bemerken wir
noch zwei Pferde, welche Maschinen ziehen; das eine zieht einen Grasmäher, das
andere einen Heurechen.

§ 156. — Der Bauer macht die Heuernte (Satzreihe).

1. Er geht morgens auf die Wiese.	ging.	gegangen.
2. Er schneidet das Gras mit der Sense ab.	schnitt.	geschnitten.
3. Er breitet das Heu mit dem Rechen aus.	breitete.	gebreitet.
4. Von Zeit zu Zeit wendet er das Heu zum Trocknen.	wendete.	gewendet.
5. Er rafft das trockene Heu zu Haufen zusammen.	raffte.	gerafft.
6. Er ladet das Heu auf den Wagen.	lud.	geladen.
7. Er fährt es in die Scheune.	fuhr.	gefahren.
8. Er ladet es auf dem Heuboden ab.		

§ 157. — Satzgefüge : Konditionalsätze.

Merksätze.

Die Sonne scheint nicht; deshalb können die Dorfbewohner das Heu nicht
    trocknen.

Wenn die Sonne schiene, so könnten die Dorfbewohner das Heu trocknen.

Wenn die Sonne nicht schiene, so könnten die Dorfbewohner das Heu nicht
    trocknen.

Uebung. Bilde nach dem Muster der obigen Merkſätze ähnliche Satzgefüge mit folgenden Hauptſätzen :

Es regnet beſtändig; deshalb wird das Korn nicht reif.

Ein Gewitter bricht aus ; der Regen wird das Heu verderben.

Ein Gewitter iſt im Anzug; deshalb beeilen ſich die Bauern das Heu einzufahren.

Der Wagen iſt ſchwer beladen ; ein einziges Pferd kann ihn nicht nach der Scheune ziehen.

Der Bauer breitet das Heu mit dem Rechen aus; ſonſt würde es nicht trocknen.

Bilde ſelbſt ähnliche Satzgefüge mit Hauptſätzen aus den geleſenen Stücken.

§ 158. — Der gute Mäher.

Früh ging ein Mäher mähen
Aufs Feld den reifen Klee,
Da schnitt er mit der Sense
Hart an ein Nest — o weh!

Drin lagen sieben Vöglein,
Sie lagen nackt und bloss.
" O könntet ihr schon fliegen,
Und wäret ihr schon gross! "

Er mähete bedächtig
Weit um die Stelle her
Und trug den Klee von dannen
Und störte da nicht mehr.

Die alten Vögel flogen
Nun wacker ab und zu,
Sie fütterten die Kinder
In ungestörter Ruh.

Bald wuchsen ihre Flügel,
Sie flogen froh davon.
Der Mäher aber fühlte
Im Herzen süssen Lohn.

V. KAMP.

§ 159. — Die Grasprinzessin.

Auf der Wiese, wo das grüne Gras steht und die bunten Blumen wachsen, lebt eine kleine Prinzessin in einem niedlichen Schlösschen; dieses ist so klein, dass selbst das Gras darüber hervorragt. Wenn es

Morgen ist und die Sonne aufgeht und die Vögelein aufwachen, so erwacht auch die Prinzessin und springt munter aus ihrem Bettchen.

Darauf geht sie hin zum Tautröpfchen und sagt : '' Ich will mich waschen! '' Und sogleich sagt die Blume : '' Ich will dein Waschbecken sein. '' Und wenn sie sich gewaschen hat, geht sie zum Brünnlein, das sagt : '' Ich will dein Spiegelchen sein. '' Und wenn sie die Haare gekämmt hat und rein und schön ist, dann sagt das Blättchen : '' Ich will dein Sonnenschirm sein. '' Die Prinzessin ist damit zufrieden und geht auf die Wiese spazieren. Da kommt der Schmetterling und sagt : '' Du sollst nicht gehen, ich will dein Pferdchen sein. '' Und der Schmetterling nimmt sie auf seinen Rücken und fliegt auf die Blumen und schaukelt sie hin und her, bis sie müde und hungrig ist; dann trägt er sie nach Hause.

Nun bringt das Bienchen Honig auf ihren Tisch, und der Goldkäfer trägt ein goldenes Löffelchen herbei, womit sie isst. Dann macht ihr das Gras Schatten; die Vöglein singen, dass sie schlafen kann, bis die Hitze vorüber ist. So geht es vormittags, und abends geht es noch schöner zu.

Nach CURTMANN.

§ 160. — Satzgefüge : Konditionalsätze.

Plusquamperfektum des Konjunktivs.

Sein.	Haben.	Werden.
ich wäre... gewesen.	ich hätte... gehabt.	ich wäre... geworden.
du wärest... gewesen.	du hättest... gehabt.	du wärest.... geworden.
u. f. w.	u. f. w.	u. f. w.

Schwache Konjugation.	Starke Konjugation.
ich hätte... gelernt.	ich hätte... gefunden.
du hättest... gelernt.	du hättest... gefunden.
u. f. w.	u. f. w.

Zweiter Konditionalis.

Sein.   Ich würde gewesen sein oder ich wäre gewesen.
Haben.   Ich würde gehabt haben oder ich hätte gehabt.
Werden.   Ich würde geworden sein oder ich wäre geworden.
Schwache Konjugation.   Ich würde gelernt haben oder ich hätte gelernt.
Starke Konjugation.   Ich würde gefunden haben oder ich hätte gefunden.
Intransitive Konjugation. Ich würde gegangen sein oder ich wäre gegangen.

Merkfätze.

Du warst unfleißig; deshalb war ich nicht mit dir zufrieden.
Wenn du fleißiger gewesen wärest,) so würde ich mit dir zufrieden gewesen sein.
Wäreft du fleißiger gewesen,   ) so wäre ich mit dir zufrieden gewesen.

Du hielteft keine Ordnung; deshalb haft du deine Sachen nicht gefunden.
Wenn du Ordnung gehalten hätteft,) so würdeft du deine Sachen gefunden haben.
Hätteft du Ordnung gehalten,   ) so hätteft du deine Sachen gefunden.

Du bist nicht fleißiger geworden; deshalb habe ich dich nicht belohnt.
Wenn du fleißiger geworden wärest,) so würde ich dich belohnt haben.
Wäreft du fleißiger geworden,   ) so hätte ich dich belohnt.

§ 161. — **Die Kornernte** (nach dem 3. Bild, verfo 2).

Diefes Bild verfetzt uns auf das Feld im Sommer. Links ist ein Kornfeld. Die Halme und die Blätter haben ihre grüne Farbe verloren; fie fehen gelb aus. Die Ähren hängen nieder. Das Korn ist reif. Die Zeit der Ernte ist gekommen. Weithin erftreckt fich die fonnige Ebene. Überall find Garbenhaufen und Schober. Im Hintergrund erblickt man ein Dorf, von dunkelgrünen Wäldern eingerahmt.

Auf den Kornfeldern find die Bauern fehr befchäftigt. Links fteht ein Schnitter; fein Geficht ist von der Sonne verbrannt. Er trägt eine Senfe über der rechten Schulter; damit mäht er die Halme. Ein zweiter Schnitter fteht neben ihm, der das abgemähte Korn zufammenlieft oder zufammenrafft und es in Garben bindet. Weiter hinten fchneidet eine Schnitterin das Korn mit einer Sichel, denn fie ist nicht stark genug, um eine Senfe zu handhaben. Eine andere Frau kommt herbei; fie trägt auf dem linken Arm Halme, die auf dem Felde liegen geblieben find, und die fie aufgelefen hat: es ist eine Aehrenleferin. Neben ihr geht ein kleines Mädchen, welches einen Strauß von Feldblumen (Klatfchmohn und Kornblumen) gemacht hat. Weiter rechts fitzt ein Mäher: er fchärft feine Senfe, damit fie beffer fchneidet. Oft wird auch das Korn mit einer Mafchine, das heißt mit einem Kornmäher abgemäht.

§ 162. — **Die Arbeit des Schnitters** (Satzreihe).

1. Der Schnitter geht am frühen Morgen auf das Feld.	ging	gegangen
2. Er fchneidet das Korn mit der Senfe ab.	fchnitt	gefchnitten
3. Er rafft das abgemähte Korn zufammen.	raffte	gerafft
4. Er bindet das Korn in Garben.	band	gebunden
5. Er stellt die Garben zu Haufen zufammen.	ftellte	geftellt
6. Er ladet die Garben auf den Erntewagen.	lud	geladen
7. Er fährt die Garben in die Scheune.	fuhr	gefahren
8. Er ladet die Garben auf dem Kornboden ab.		

§ 163. — Die Kornähren.

Ein Landmann ging mit seinem kleinen Sohne Tobias auf den Acker hinaus, um zu sehen, ob das Korn bald reif sei.

" Vater, wie kommt's doch, " sagte der Knabe, " dass einige Halme sich so tief zur Erde neigen, andere aber den Kopf so aufrecht tragen? Diese müssen wohl recht vornehm sein; die anderen, die sich so tief vor ihnen bücken, sind gewiss viel schlechter. "

Der Vater pflückte ein Paar Aehren ab und sprach : " Sieh diese Aehre hier, die sich so bescheiden neigte, ist voll der schönsten Körner; diese aber, die sich so stolz in die Höhe streckte, ist ganz taub und leer. "

> Trägt einer gar so hoch den Kopf,
> So ist er wohl — ein eitler Tropf!

CHRISTOPH VON SCHMID.

§ 164. — Satzgefüge : Konditionalsätze.

Merksätze.

Die Bäuerin war nicht stark genug; deshalb hat sie das Korn nicht mit einer Sense geschnitten.

Wenn die Bäuerin stärker gewesen wäre,) so würde sie das Korn mit einer Sense geschnitten haben.

Wäre die Bäuerin stärker gewesen, } so hätte sie das Korn mit einer Sense geschnitten.

Uebung. Bilde ähnliche Satzgefüge mit folgenden Hauptsätzen :

Der Schnitter hat seine Sense nicht geschärft; deshalb hat sie nicht geschnitten.

Der Mäher hat sehr bedächtig gemäht; deshalb ist das Vogelnest verschont geblieben.

Die Schöppenstetter waren sehr dumm; darum hielten sie einen Bienenschwarm für ein Gewitter.

Die Mägde töteten den Hahn; darum wurden sie von der Hausfrau noch früher geweckt.

Die Ähren waren leer; darum trugen sie den Kopf so hoch.

Bilde selbst ähnliche Satzgefüge aus den gelesenen Stücken.

III. Sommervergnügungen.

§ 165. — Fluß und Fischfang (nach dem 3. Bild, verso 4).

Dieses Bild zeigt uns einen breiten Fluß. Der Fluß fließt durch ein Tal. Dies=
seits des Flußes erstreckt sich eine Wiese. Ein Bächlein, das unter den Blumen ver=
steckt ist, mündet in den Fluß. Jenseits des Flusses ist ein Wald. Wir erblicken in
der Mitte die Schleuse eines Kanals. Im Hintergrunde sehen wir die Bogen einer
steinernen Brücke. In dem Wasser des Flusses leben Wassertiere, namentlich die Fische.

Vorn am Ufer des Flusses steht ein Mann im Sommeranzug. Er hält eine lange
Gerte, an welcher ein Bindfaden mit einer Angel befestigt ist : er angelt. Eben zieht
er einen Fisch heraus, der in der Luft zappelt. Zu seinen Füßen steht ein kleiner
Eimer aus Blech, in den er die gefangenen Fische tut. Ein Mann, der Fische fängt,
heißt ein Fischer. Auf dem Flusse sehen wir andre Fischer; sie sitzen in einem Kahn.
Einige fischen mit einem Netze. Im Wasser fängt man auch Krebse und Frösche.

Etwas weiter, jenseits des Baches sehen wir noch eine Familie, die einen Aus=
flug auf das Land gemacht hat. Drei Herren und eine Dame nehmen einen Imbiß auf
dem Gras der Wiese. Sie haben ein weißes Tuch auf dem Boden ausgebreitet, auf
dem ihre Mundvorräte liegen. Ein Mann öffnet eine Flasche ; die anderen trinken ;
sie scheinen sehr durstig zu sein.

§ 166. — Der Angler (Satzreihe).

1. Der Angler geht an den Fluß.
2. Er nimmt seine Angelrute.
3. Er befestigt die Angel an der Schnur.
4. Er hängt einen Köder (ein Würmchen, eine Heuschrecke) an die Angel.
5. Er wirft die Angelschnur aus.
6. Der Köder sinkt ins Wasser.
7. Ein Fisch nähert sich dem Köder.
8. Er schnappt nach dem Köder.
9. Der Angler zieht die Schnur.
10. Er fängt den Fisch.
11. Er zieht ihn heraus.
12. Der Fisch zappelt an der Angel.
13. Der Angler nimmt ihn von der Angel.
14. Er legt ihn in seinen Fischeimer.

§ 167. — Fischlein.

" Fischlein! Fischlein! du armer Wicht,
Schnappe nur ja nach der Angel nicht!
Geht dir so schnell zum Halse hinein,
Reisst dich blutig und macht dir Pein.
Siehst du nicht sitzen den Knaben dort?
Fischlein, geschwinde, schwimme fort! "

Fischlein mocht' es wohl besser wissen,
Sah nur nach dem fetten Bissen,
Meinte, der Knabe mit seiner Schnur
Wäre hier so zum Scherze nur.
Da schwamm es herbei, da schnappt' es zu :
Nun zappelst du, armes Fischlein, du!   W. Hey.

§ 168. — Deutschlands Ströme.

Mehrere Ströme durchfliessen Deutschland. Der schönste von allen ist der Rhein. Dieser Strom entspringt in den Alpen in der Schweiz; er fliesst von Süden nach Norden und ergiesst sich in Holland in die Nordsee. Am Rhein liegen die deutschen Städte Mainz, Coblenz und Köln. In Bayern fliesst die Donau, und zwar von Westen nach Osten. An der Donau liegt die Stadt Wien, die Hauptstadt von Oesterreich. Die Donau ergiesst sich in das schwarze Meer. Die anderen Hauptströme Deutschlands sind die Weser und die Elbe, welche in die Nordsee einmünden; die Oder, die Weichsel und der Niemen, welche sich in die Ostsee ergiessen. An der Mündung jedes dieser Ströme liegt eine grosse Stadt, ein Hafen : die Stadt Bremen an der Weser, Hamburg an der Elbe, Stettin an der Oder, Danzig an der Weichsel.

§ 169. — Satzgefüge : Nebensatz mit : obgleich, (obschon, obwohl, wiewohl, trotzdem daß, wenn gleich, wenn auch, wenn schon) (Konzessivsatz).

Merksätze.

Die Mutter hatte das Fischlein vor der Angel gewarnt; dennoch schwamm es
   herbei und schnappte zu.

Obgleich
Obschon
Obwohl   (die Mutter das Fischlein vor der Angel gewarnt hatte, (so) schwamm
Wiewohl   (es dennoch herbei und schnappte zu.
Trotzdem daß
   u. s. w.

Uebung. Bilde ähnliche Satzgefüge mit folgenden Hauptsätzen :

Die guten Aehren neigten sich sehr bescheiden; und dennoch waren sie voll der
   schönsten Körner.

Es steigen dunkle Wolken am Himmel auf; allein ich glaube nicht, daß wir ein
   Gewitter bekommen.

Die Pferde waren sehr rüstig; dennoch konnten sie den Wagen kaum ziehen.

Die Straßen der grünen Stadt sind freilich krumm; und dennoch ist es angenehm
   darauf zu gehen.

Im Sommer ist es freilich oft drückend heiß, und die Landleute arbeiten doch auf
   dem Felde.

Bilde selbst ähnliche Satzgefüge aus den gelesenen Stücken.

IV. In der Sommerfrische : Land und Meer und Gebirge.

§ 170. — **Sommerausflüge** (nach dem 3. Bild, verso 3).

Für die Städter ist der Sommer die Zeit der Ausflüge nach dem Lande. Unser Bild zeigt uns eine Landstraße, die sich wahrscheinlich in der Umgebung einer Stadt befindet. Sie ist von hohen Bäumen eingefaßt, welche sie beschatten. Rechts und links sind Kornschober und Stoppelfelder. Im Hintergrund erblickt man einen einsamen Hof.

Rechts, am Rande der Straße sitzen Spaziergänger, ein Herr und eine Dame. Sie sind spazieren gegangen. Sie scheinen von der Hitze zu leiden : der Mann trocknet sich die Stirn mit seinem Taschentuch ab ; es ist ihm sehr heiß. Die Frau schützt sich vor der Sonne mit ihrem Sonnenschirm. Hinter beiden spielt ein Knabe mit seinem Reifen ; der scheint gar nicht müde zu sein.

An diesen Spaziergängern fahren zwei Radfahrer (Radler) vorbei. Sie fahren so schnell, daß der Straßenkehrer kaum Zeit hat, auf die Seite zu treten. Dieser kehrt die Straße mit einem Besen und tut das Kehricht in seinen Schubkarren.

Weiter hinten reitet ein Mann in Uniform, wahrscheinlich ein Offizier ; er sitzt auf einem braunen Pferd. Vor ihm fahren zwei Männer im Automobil, und eine Droschke, die mit zwei Pferden bespannt ist, kommt näher.

Über den Bäumen der Straße steigt ein Luftballon empor.

§ 171. — **Ich fahre Rad** (Satzreihe).

1. Ich ziehe mein Rad aus der Remise.	zog	gezogen
2. Ich öle das Rad ein.	ölte	geölt
3. Ich blase die Gummischläuche meines Fahrrades auf.	blies	geblasen
4. Ich steige auf mein Rad.	stieg	gestiegen
5. Ich drücke mit den Füßen die Pedale nieder.	drückte	gedrückt
6. Mein Rad rollt vorwärts.	rollte	gerollt
7. Ich drehe die Lenkstange zum Ausbiegen.	drehte	gedreht
8. Bei steiler Höhe schiebe ich mein Rad mit der Hand vorwärts.	schob	geschoben
9. Bei einer Senkung bremse ich.	bremste	gebremst
10. Endlich erreiche ich das Ziel meiner Fahrt.	erreichte	erreicht
11. Ich steige vom Rad ab.	stieg	gestiegen

§ 172. — **Das Gebirge** (nach dem 5. Bild).

Dieses Bild zeigt uns das Gebirge im Sommer. Zwei Bergketten schließen ein Tal ein, das viele Krümmungen bildet. In dem Tale liegt ein See, durch Felsen eingerahmt. Ein Städtchen liegt in einer Krümmung des Tals versteckt.

Links erhebt sich der Abhang des Bergs. Er ist bewaldet ; hohe Tannen(bäume)

ragen in bie Luft empor. Auf biefem Abhang haben Holzhauer einen Weg mit Quer-
ſchwellen angelegt. Darauf bringen ſie Holz auf Schlitten herab : es ſind Holzfahrer,
Holzknechte. Wir ſehen zwei Holzknechte; der eine geht eben über eine Brücke, unter
welcher ein Bergſtrom in wildem Lauf durch Felſen brauſt. Er hält ſich mit den
Füßen an den Schwellen feſt, damit der Schlitten nicht zu ſchnell heruntergleitet.

Rechts ſteigt der Berg allmählig auf; er iſt mit kahlen Felsblöcken überſät. Auf
einem engen Pfad ſieht man mehrere Touriſten auf Eſeln herunterreiten.

Am Ufer des Sees befinden ſich noch andere Reiſende im Reiſeanzug. Ein
Herr betrachtet die ſchöne Landſchaft mit einem Fernrohr.

§ 173. — Des Knaben Berglied.

1. Ich bin vom Berg der Hirtenknab,
     Seh’ auf die Schlösser all’ herab.
     Die Sonne strahlt am ersten hier,
     Am längsten weilet sie bei mir.
     Ich bin der Knab’ vom Berge.

2. Hier ist des Stromes Mutterhaus,
     Ich trink ihn frisch vom Stein heraus;
     Er braust vom Fels in wildem Lauf,
     Ich fang’ ihn mit den Armen auf;
     Ich bin der Knab’ vom Berge.

3. Der Berg, der ist mein Eigentum,
     Da ziehn die Stürme rings herum;
     Und heulen sie von Nord und Süd,
     So überschallt sie doch mein Lied :
     Ich bin der Knab’ vom Berge.

4. Sind Blitz und Donner unter mir,
   So steh’ ich hoch im Blauen hier;
   Ich kenne sie und rufe zu :
   Lasst meines Vaters Haus in Ruh’!
   Ich bin der Knab’ vom Berge.

LUDWIG UHLAND.

§ 174. — Satzgefüge : Nebensatz mit : als ob, als wenn, wie wenn.

Der Himmel verdunkelt sich, { als ob / als wenn / wie wenn } ein Gewitter im Anzug wäre.

Uebung. Bilde ähnliche Satzgefüge mit folgenden Hauptsätzen :

Der Knabe vom Berge gebietet den Stürmen; er meint, er sei Herr über sie.

Er sieht auf die Schlösser herab; man meint, er sei der König der Welt.

Das Fischlein schwamm zum Knaben heran; es meinte, der Knabe sei nur zum Scherze hier.

Die leeren Aehren thaten sehr vornehm; man hätte glauben sollen, sie seien die besten.

Bilde selbst ähnliche Satzgefüge.

Anmerkung. Oft bleiben **als, wie** fort. Dann nimmt der Nebensatz die Form eines Fragesatzes an.

Der Himmel verdunkelt sich, als wäre (als sei) ein Gewitter im Anzug.

Mein Kamerad lag zu meinen Füßen, als wäre es ein Stück von mir.

§ 175. — Im Hochgebirge (nach dem 5. Bild).

Die Berge, welche uns dieses Bild zeigt, sind höher als diejenigen auf dem vorigen Bilde. Sie bilden Spitzen, zwischen welchen tiefe Schluchten liegen. Ihre Abhänge sind nicht bewaldet, sondern mit Schneemassen bedeckt. Nie schmilzt dieser Schnee : es ist ewiger Schnee. In den Vertiefungen hat sich das Eis auf langen Strecken aufgehäuft; es bildet Gletscher, woraus Ströme hervorquellen. Oft ist die Oberfläche der Gletscher zerklüftet. Sehr tiefe Klüfte nennt man Abgründe. In der Schweiz sind die größten und schönsten Gletscher.

Es ist sehr gefährlich, auf den Gletschern zu gehen. Wir sehen links mehrere Bergsteiger, die einen solchen Gletscher erklettern. Sie haben einen langen Stock (Alpenstock), mit einer eisernen Spitze versehen, worauf sie sich stützen. Außerdem sind sie durch einen starken Strick mit einander verbunden. Wenn der eine in eine Kluft fiele, so würden ihn die anderen zurückhalten. Über ihren Köpfen schweben Adler in der Luft. Der Adler ist der größte und der stärkste unter den Vögeln.

Nur wenige Menschen und Tiere können auf solchen Höhen leben. Rechts sehen wir eine Sennhütte, aus Tannenstämmen gebaut. Dieser Mann ist ein Jäger. Eben kommt er von der Jagd zurück und trägt auf dem Rücken eine Gemse, die er geschossen hat. Seine Frau tritt aus der Hütte heraus und kommt ihm entgegen. Daneben sehen wir ihren Sohn, einen Knaben, der Ziegen hütet; er sitzt auf einem Felsen und bläst in sein Horn.

§ 176. — Das Alpenhorn.

In einigen Alpenbezirken der Schweiz, in denen die Bewohner zerstreut als Hirten wohnen, herrscht eine schöne fromme Sitte. Wenn die Sonne das Tal verlassen hat und ihre letzten Strahlen die schneeigen Gipfel der Berge vergolden, dann nimmt der Senne, dessen Hütte auf dem höchsten Punkte des Gebirges liegt, sein Alpenhorn und ruft, wie durch ein Sprachrohr : "Lobt Gott den Herrn!" Alle benachbarten Hirten, an der Tür ihrer Hütte stehend, wiederholen der Reihe nach den Schall, und so ertönt oft eine Viertelstunde lang, von Fels zu Fels, von Tiefe zu Tiefe das Echo : "Lobt Gott den Herrn!" bis es sich in der Ferne ganz verliert. Eine feierliche Stille folgt den letzten Tönen des Horns, und dann fallen alle Hirten mit entblösstem Haupte auf die Knie nieder. Und wenn endlich die Finsternis die Berge umhüllt, so erschallt das Horn von neuem mit einem traulichen : " Gute Nacht! " und in Frieden ziehen sich nun die Hirten in ihre einsamen Wohnungen zurück.　　　　　　　　　　　　　　　　　　Nach SARTORIUS.

§ 177. — Der Alpenjäger.

2.	3.
Wie im Reich der Lüfte	Ihm gehört das Weite :
König ist der Weih,	Was sein Pfeil erreicht,
So im Reich der Klüfte	Das ist seine Beute,
Herrscht der Schütze frei.	Was da kreucht und fleucht.

SCHILLER.

§ 178. — Deutschlands Berge.

Die meisten Berge Deutschlands befinden sich im Süden und im Westen. Die Alpen trennen Bayern von Tirol; an ihrem Fusse sind schöne Seen. Die Vogesen und der Schwarzwald schliessen das schöne Rheinttal ein. Zwischen Deutschland und Oesterreich erheben sich der Böhmerwald, das Fichtelgebirge, das Erzgebirge, das Riesengebirge und die Sudeten. In Mitteldeutschland liegen der Thüringerwald und der Harz. Der nördliche Teil von Deutschland ist eine weite Ebene mit Seen, Heide und Moor. Auch erstrecken sich dort fruchtbare Felder und grüne Wälder. Am Meeresstrande befinden sich Sanddünen.

Da Ihr jetzt die deutsche Sprache schon ziemlich gut versteht, so werden wir nächstes Jahr eine Rundreise durch ganz Deutschland unternehmen, um die verschiedenen Gegenden dieses Landes näher kennen zu lernen.

§ 179. — Satzgefüge. Nebensatz mit : je... desto, je... um so.

Merksätze.

Die Tage nehmen zu; in demselben Maß nehmen die Nächte ab.
Je mehr die Tage zunehmen, desto (um so) mehr nehmen die Nächte ab.
Die Stürme heulen sehr; aber das Lied des Knaben schallt noch lauter.
Je mehr die Stürme heulen, desto (um so) lauter schallt das Lied des Knaben.
Je leerer die Aehren sind, desto (um so) höher tragen sie den Kopf.

Uebung. Bilde ähnliche Satzgefüge mit folgenden Hauptsätzen:

Die Nächte werden kürzer (in demselben Maß), wie die Tage länger werden.
Das Tal ist tiefer, wenn der Berg höher ist.
Wenn wir mit uns zufrieden sind, so sind wir in demselben Maß mit Andern zufrieden.
Wenn man nach Norden zieht, so wird es immer kälter.
Eine volle Aehre neigt sich tief.
Ein verdienstvoller Mann ist bescheiden.

Bilde selbst ähnliche Satzgefüge.

§ 180. — Das Meer (nach dem 5. Bilde).

Unser Bild zeigt uns die See oder das Meer. Ein breiter Strom mündet in das Meer und bildet einen Hafen. An der Mündung dieses Stromes rechts liegt eine Stadt, deren Häuser sich terrassenförmig auf dem Abhang eines Hügels erheben. Am Fuß des Hügels erstreckt sich der flache Meeresstrand. Links bildet die Küste hohe, schroffe Felsenwände. Längs des Stromes zieht sich ein Damm (Quai), mit einer

Mauer versehen. Auf demselben ragt ein Turm empor, worauf nachts eine mächtige elektrische Lampe ihre Strahlen weithin auf das Meer wirft : das ist ein Leuchtturm.

Der Hafendamm ist voll Menschen. Darunter unterscheiden wir Städter, die das Meer betrachten, Matrosen und Landbewohner. Knaben stehen auf der Mauer und winken mit ihren Taschentüchern. Weiße Seevögel, Möwen genannt, fliegen umher.

Ganz nahe am Quai erblickt man einen Kahn, welchen zwei Matrosen mit Rudern fortbewegen und zwei Boote, deren Segel vom Winde gespannt (geschwellt) werden. Weiter hinten kommt ein Dampfschiff in den Hafen hereingefahren. Auf dem Gipfel seiner Masten flattern Flaggen.

Das Meer ist beständig in Bewegung : in 24 Stunden fällt und steigt es zweimal. Das nennt man die Ebbe und die Flut. Wenn die Wellen des Meeres von dem Winde heftig bewegt werden, so nennt man dies einen Sturm; dann geschieht es oft, daß ein Schiff untergeht oder an den Felsenklippen zerschmettert wird. Es erleidet einen Schiffbruch.

Im Sommer ziehen viele Städter an das Ufer des Meeres, um sich in der See zu baden; sie nehmen Seebäder.

§ 181. — **Ein Passagier schifft sich ein** (Satzreihe).

1. Der Passagier begiebt sich nach dem Einschiffungsplatz.
2. Er steigt über die Landungsbrücke an Bord.
3. Er schifft sich ein.
4. Der Kapitän gibt das Signal zur Abfahrt.
5. Die Anker werden gelichtet.
6. Das Schiff fährt ab.
7. Es gewinnt die offene See.
8. Endlich erreicht der Passagier das Ziel seiner Reise.
9. Er steigt ans Land (er landet).

§ 182. — Der Kaufmann und der Matrose.

" Was für eines Todes ist dein Vater gestorben? " fragte ein Kaufmann einen Matrosen. — Der Matrose antwortete : " Mein Vater, mein Grossvater und mein Urgrossvater sind alle ertrunken." — " Fürchtest du dich denn nicht, " fuhr der Kaufmann fort, " gleichfalls auf der See zu sterben? " — " Aber, sagen Sie mir doch, " versetzte der Matrose, " wie sind denn Ihr Vater, Ihr Grossvater und Ihr Urgrossvater gestorben? " — " Die sind alle in ihrem Bette gestorben, " erwiderte der Kaufmann. — " Und Sie fürchten sich nicht, zu Bette zu gehen? " sagte lächelnd der Matrose.

§ 183. — Satzgefüge : Indirekte Rede (Konjunktiv).

Merksätze.

Ein Kaufmann fragte einen Matrosen, was für eines Todes sein Vater gestorben sei. Der Matrose antwortete, sein Vater, sein Grossvater und sein Urgrossvater seien alle ertrunken. Da fragte ihn der Kaufmann, ob er sich denn nicht fürchte, gleichfalls auf der See zu sterben. Der Matrose fragte nun den Kaufmann, wie denn sein Vater, sein Grossvater und sein Urgrossvater gestorben seien. Der Kaufmann erwiderte, sie seien alle in ihrem Bette gestorben. Lächelnd fragte ihn der Matrose, ob er sich denn nicht fürchte, zu Bette zu gehen.

Konjunktiv.

Präsens.

Sein.	Haben.	Werden.	Schwache Konjugation.	Starke Konjugation.
ich sei.	ich habe.	ich werde.	ich lerne.	ich finde.
du seist.	du habest.	du werdest.	du lernest.	du findest.
er sei.	er habe.	er werde.	er lerne.	er finde.
wir seien.	wir haben.	wir werden.	wir lernen.	wir finden.
ihr seiet.	ihr habet.	ihr werdet.	ihr lernet.	ihr findet.
sie seien.	sie haben.	sie werden.	sie lernen.	sie finden.

Perfekt.

ich sei... gewesen.	ich habe... gehabt.	ich sei... geworden.
du seist... gewesen.	du habest... gehabt.	du seist... geworden.
u. s. w.	u. s. w.	u. s. w.

ich habe... gelernt.	ich habe... gefunden.
du habest... gelernt.	du habest... gefunden.
u. s. w.	u. s. w.

Uebungen. I. Fragst du einen Radler, was er beim Radeln tue, so antwortet er :
Er ziehe zuerst sein Rad aus der Remise,
Dann öle er das Rad ein.
u. s. w.
Setze die übrigen Sätze dieser Satzreihe (§ 170) nach obigem Muster in die indirekte Rede.

II. Fragst du einen Radler bei seiner Rückkehr, was er beim Radeln getan habe, so antwortet er :
Zuerst habe er sein Rad aus der Remise gezogen,
Dann habe er sein Rad eingeölt.

Mache dieselbe Uebung mit andern Satzreihen und Erzählungen.

§ 184. — **Sommernacht am Meer** (nach dem 5. Bilde).

Es ist Nacht. Am Himmel schimmern die Sterne; der Mond erleuchtet die leicht bewegten Wogen des Meeres. In der Ferne links liegt die Stadt in tiefer Ruhe. Rechts tauchen Klippen aus den Fluten hervor, und ein Leuchtturm glänzt auf dem Gipfel eines Hügels.

Trotz der Finsternis sind die Seeleute auf das Meer gefahren; sie fischen in ihren Kähnen und Booten. Wir sehen sie vorn, im Begriffe Körbe voll Fische zu laden, um sie nach der Hafenstadt zu befördern. Ein Steuermann sitzt am Steuer, um das Boot zu lenken; er orientiert sich mit Hilfe der Sterne und des Kompasses. Der Kompaß gibt immer die Richtung nach Norden an; (die Magnetnadel zeigt immer nach Norden).

§ 185. — Deutschlands Meere.

Deutschland grenzt an zwei Meere : die Nordsee und die Ostsee Beide sind durch den Kieler Kanal verbunden. Die Küsten sind überall flach und von Dünen begrenzt; sie bilden wenig Busen und Buchten; deshalb liegen fast alle Hafenstädte an der Mündung der Ströme. Die zwei bedeutendsten Häfen sind Hamburg und Bremen.

V. Das Weltall.

§ 186. — Der Himmel.

Die Erde, welche wir bewohnen, hat die Gestalt einer Kugel. Sie gehört zu den Planeten oder Wandelsternen, das heisst zu denjenigen Sternen, welche in grossen Kreissen um die Sonne wandeln.

Zu ihrer Reise um die Sonne braucht die Erde ein Jahr oder 365 Tage und einige Stunden. Alle vier Jahre ist ein Schaltjahr, welches 366 Tage hat.

Zugleich aber dreht sich die Erde um sich selbst; aus dieser Bewegung entsteht der Wechsel von Tag und Nacht.

Die Sonne, von der wir Licht und Wärme erhalten, ist kein Planet, sondern ein Fixstern. Die meisten Sterne, welche wir sehen, sind Fixsterne. Wir sagen, die Sonne geht im Osten auf und im Westen unter. Aber das ist nicht richtig: nicht die Sonne bewegt sich, sondern unsere Erde.

Um die Erde bewegt sich der Mond, der, wie unsere Erde, sein Licht von der Sonne erhält.

Wir können den Mond nicht ganz sehen; wir sehen nur eine Hälfte desselben, oft nur ein Viertel. Manchmal sehen wir ihn gar nicht. Dann ist es Neumond.

Die Sonne, die Erde, der Mond, alle Sterne sind Himmelskörper. Der Himmel ist der unendliche Raum, in welchem diese Körper sich bewegen.

Viele Sterne können wir mit dem blossen Auge gar nicht sehen. Die Astronomen oder Sternforscher haben grosse Fernglässer, womit sie den Himmel beobachten.

Nichts erhebt die Seele des Menschen wie der Anblick des gestirnten Himmels, an welchem die Sterne, gleich kleinen Lichtfünkchen, glänzen.

Wie klein fühlen wir uns in dem unendlichen Weltall, vor der ewigen Macht, die all diese Herrlichkeit erschaffen hat!

§ 187. — Wie hoch mag wohl der Himmel sein?

Wie hoch mag wohl der Himmel sein?
Das will ich gleich dir sagen:
Wenn du schnell wie ein Vögelein
Die Flügel könntest schlagen,

Und stiegest auf und immer auf
In jene blaue Ferne,
Und kämest endlich gar hinauf
Zu einem schönen Sterne,
Und fragtest dort ein Engelein:
" Wie hoch mag wohl der Himmel sein?"
Dann sei gewiss, das Englein spricht:
" Mein Kind, das weiss ich selber nicht;
Doch frag einmal dort drüben an,
Ob jener Stern dir's sagen kann;
Du brauchst indes nicht sehr zu eilen,
Es sind nur hunderttausend Meilen. "

* * *

Und flögst du nun zum Sternlein dort,
Man sagt dir dort dasselbe Wort,
Und flögst du weiter fort und fort,
Von Stern zu Stern, von Ort zu Ort,
Es weiss es niemand dir zu sagen,
Du wirst doch stets vergeblich fragen:
" Wie hoch mag wohl der Himmel sein?" —
Denn, Kind, das weiss nur Gott allein!

RUDOLF LÖWENSTEIN.

Grammatif.

Grammatik.

Deklination der Artikel und Fürwörter (Pronomina).

I. Der bestimmte Artikel **der, die, das.**

	Einzahl (Singular).			Mehrzahl (Plural). Für alle drei Geschlechter.
	Männlich.	Weiblich.	Sächlich.	
N.	der	die	das	die
G.	des	der	des	der
D.	dem	der	dem	den
A.	den	die	das	die

Wie **der, die, das** deklinieren :

a) **Die hinweisenden Fürwörter** (Demonstrativpronomina).

Einzahl (Singular).	Mehrzahl (Plural).
Dieser, diese, dieses.	diese.
Jener, jene, jenes.	jene.

b) **Die unbestimmten Fürwörter** (Pronomina indefinita).

Solcher, solche, solches.	solche.
Jeder, jede, jedes.	(ohne Mehrzahl).
Aller, alle, alles.	alle.
Einiges (Einzahl nur im Neutrum gebräuchlich).	einige.
	mehrere (ohne Einzahl).

c) **Die bezüglichen Fürwörter** (Relativpronomina).

Welcher, welche, welches. } G : dessen, deren, dessen. | welche. die. } G : deren; D : denen.
Der, die, das.

d) **Das fragende Fürwort** (Interrogativpronomen).

Welcher? welche? welches?   welche?

II. Der unbestimmte Artikel **ein, eine, ein.**

Einzahl (Singular).

Männlich.	Weiblich.	Sächlich.	
N. ein	ein e	ein	
G. ein es	ein er	ein es	**Ohne Mehrzahl** (Plural).
D. ein em	ein er	ein em	
A. ein en	ein e	ein	

Wie ein deklinieren :

a) **Das unbestimmte Fürwort** (Pronomen indefinitum).

kein, keine, kein. | keine.

b) **Die besitzanzeigenden Fürwörter** (Possessivpronomina).

Singular.			**Plural.**
mein,	meine,	mein.	meine.
dein,	deine,	dein.	deine.
sein,	seine,	sein.	seine.
ihr,	ihre,	ihr.	ihre.
unser,	unsere,	unser.	unsere.
euer,	eure,	euer.	eure.
ihr,	ihre,	ihr.	ihre.
Ihr,	Ihre,	Ihr.	Ihre.

III. Deklination der persönlichen Fürwörter (Personalpronomina).

	Einzahl (Singular).				**Mehrzahl** (Plural).		
	1. Person.	2. Person.	3. Person.			1. Person.	2. Person.	3. Person. Für alle drei Geschlechter.
			Männlich.	Weiblich.	Sächlich.			
N.	ich	du	er	sie	es	wir	ihr	sie
G.	meiner	deiner	seiner	ihrer	seiner	unser	euer	ihrer
D.	mir	dir	ihm	ihr	ihm	uns	euch	ihnen
A.	mich	dich	ihn	sie	es	uns	euch	sie

Deklination des Substantivs.

Männliche Hauptwörter (Masculina).

Starke Deklination.

I (mit Umlaut im Plural.)

Einzahl (Singular).		**Mehrzahl** (Plural).	
N. Der Stuhl.	D. Dem Stuhl(e).	N. Die Stühle.	D. Den Stühlen.
G. Des Stuhl(e)s.	A. Den Stuhl.	G. Der Stühle.	A. Die Stühle.

Wie **der Stuhl** deklinieren :

Der Ast.	Der Gruß.	Der Krug.	Der Sohn.	Der Stuhl.
Der Arzt.	Der Hof.	Der Kuß.	Der Spruch.	Der Sturm.
Der Bach.	Der Hut.	Der Pflug.	Der Sprung.	Der Ton.
Der Ball.	Der Kahn.	Der Rock.	Der Stall.	Der Topf.
Der Band.	Der Kamm.	Der Sack.	Der Stamm.	Der Wolf.
Der Baum.	Der Knopf.	Der Schatz.	Der Stock.	Der Wunsch.
Der Fluß.	Der Kopf.	Der Schlag.	Der Strauß.	Der Zahn.
Der Fuchs.	Der Korb.	Der Schrank.	Der Strumpf.	Der Zopf, u.s.w.
Der Fuß.	Der Kranz.	Der Schwamm.		

II (ohne Umlaut im Plural.)

Einzahl (Singular).		**Mehrzahl** (Plural).	
N. Der Arm.	D. Dem Arm(e).	N. Die Arme.	D. Den Armen.
G. Des Arm(e)s.	A. Den Arm.	G. Der Arme.	A. Die Arme.

Wie **der Arm** deklinieren :

Der Halm.	Der Laut.	Der Pfad.	Der Stoff.
Der Huf.	Der Monat.	Der Pol.	Der Schuh.
Der Hund.	Der Ort.	Der Punkt.	Der Tag, u.s.w.

III (Substantive auf **el, en, er.**)

Einzahl (Singular).		**Mehrzahl** (Plural).	
N. Der Schüler.	D. Dem Schüler.	N. Die Schüler.	D. Den Schülern.
G. Des Schülers.	A. Den Schüler.	G. Der Schüler.	A. Die Schüler.

a) Wie **der Schüler** deklinieren alle männlichen Substantive auf **el, en, er.**

b) Unter den männlichen Substantiven auf **el, en, er** bekommen den Umlaut in der Mehrzahl:

Der Acker.	Der Garten.	Der Laden.	Der Sattel.
Der Apfel.	Der Graben.	Der Mangel.	Der Schnabel.
Der Boden.	Der Hafen.	Der Mantel.	Der Schwager.
Der Bruder.	Der Hammel.	Der Nagel.	Der Vater.
Der Faden.	Der Hammer.	Der Ofen.	Der Vogel, u.s.w.

Abweichungen.

(er mit Umlaut in der Mehrzahl.)

Der Geist.	Der Leib.	Der Rand.	Der Wald.
Der Gott.	Der Mann.	Der Strauch.	Der Wurm.

Schwache Deklination.

Einzahl (Singular).   **Mehrzahl** (Plural).

N. Der Knabe.	D. Dem Knaben.	N. Die Knaben.	D. Den Knaben
G. Des Knaben.	A. Den Knaben.	G. Der Knaben.	A. Die Knaben.

Wie **der Knabe** deklinieren : 1° alle männlichen Substantive auf **e**;
(Gatte, Neffe, u. s. w.) :

2°			
Der Ahn.	Der Fürst.	Der Hirt.	Der Ochs.
Der Baier.	Der Gesell.	Der Mensch.	Der Prinz.
Der Bär.	Der Graf.	Der Nachbar.	Der Spatz.
Der Bauer.	Der Held.	Der Narr.	Der Tor.
Der Bursch.	Der Herr.	Der Oberst.	Der Vorfahr.
Der Fink.			

3° Viele Fremdwörter wie : der Philosoph, der Student, der Elephant, u. s. w.

Sächliche Hauptwörter (Neutra).

I (er mit Umlaut im Plural.)

Einzahl (Singular).   **Mehrzahl** (Plural).

N. Das Buch.	D. Dem Buch(e).	N. Die Bücher.	D. Den Büchern.
G. Des Buch(e)s.	A. Das Buch.	G. Der Bücher.	A. Die Bücher.

Wie **das Buch** deklinieren :

Das Amt.	Das Geschlecht.	Das Huhn.	Das Rad.
Das Bad.	Das Gesicht.	Das Kalb.	Das Reis.
Das Band.	Das Gespenst.	Das Kind.	Das Rind.
Das Bild.	Das Glas.	Das Kleid.	Das Schild.
Das Blatt.	Das Glied.	Das Korn.	Das Schloß.
Das Brett.	Das Grab.	Das Kraut.	Das Schwert.
Das Dach.	Das Gras.	Das Lamm.	Das Tal.
Das Dorf.	Das Gut.	Das Land.	Das Tuch.
Das Ei.	Das Haupt.	Das Licht.	Das Volk.
Das Fach.	Das Haus.	Das Lied.	Das Weib.
Das Faß.	Das Holz.	Das Loch.	Das Wort, u. s. w.
Das Feld.	Das Horn.	Das Nest.	

II (e ohne Umlaut im Plural.)

Einzahl (Singular).   **Mehrzahl** (Plural).

N. Das Pult.	D. Dem Pult(e).	N. Die Pulte.	D. Den Pulten.
G. Des Pultes.	A. Das Pult.	G. Der Pulte.	A. Die Pulte.

Wie **das Pult** deklinieren :

Das Brot.	Das Geschäft.	Das Heft.	Das Pferd.	Das Schwein.
Das Bein.	Das Geschenk.	Das Jahr.	Das Reh.	Das Tier.
Das Ding.	Das Geschöpf.	Das Joch.	Das Roß.	Das Tor.
Das Diktat.	Das Gesetz.	Das Knie.	Das Schaf.	Das Werk.
Das Fest.	Das Gespräch.	Das Kreuz.	Das Scheit.	Das Wort.
Das Gebot.	Das Gestell.	Das Meer.	Das Schiff.	Das Zelt, u. s. w.
Das Gedicht.	Das Haar.	Das Netz.	Das Stück.	

III (Substantive auf **el, en, er**.)

	Einzahl (Singular).		**Mehrzahl** (Plural).
N. Das Fenster.	D. Dem Fenster.	N. Die Fenster.	D. Den Fenstern.
G. Des Fensters.	A. Das Fenster.	G. Der Fenster.	A. Die Fenster.

Wie **das Fenster** deklinieren: 1° alle sächlichen Substantive auf **el, en, er**; 2° die Diminutive auf **chen** und **lein**; sie bekommen nie den Umlaut in der Mehrzahl, ausgenommen das Kloster, die Klöster.

IV. **Abweichungen.**

	Einzahl (Singular).		**Mehrzahl** (Plural).
N. Das Auge.	D. Dem Auge.	N. Die Augen.	D. Den Augen.
G. Des Auges.	A. Das Auge.	G. Der Augen.	A. Die Augen.

Es giebt **männliche** und **sächliche** Substantive, welche im **Singular stark**, im **Plural** dagegen **schwach** deklinieren: der Nachbar, der Strahl, der Vetter; — das Auge, das Bett, das Ende, das Hemd, das Herz, das Ohr, das Leid; und die Fremdwörter:

Der Professor.	Die Professoren.
Der Direktor.	Die Direktoren.
Das Podium.	Die Podien.
Das Gymnasium.	Die Gymnasien.
Das Diarium.	Die Diarien.
Das Extemporale.	Die Extemporalien.
Das Particip.	Die Participien, u. s. w.

Weibliche Hauptwörter (Feminina).

I

Schwache Deklination (**en** ohne Umlaut im Plural.)

	Einzahl (Singular).		**Mehrzahl** (Plural).
N. Die Frau.	D. Der Frau.	N. Die Frauen.	D. Den Frauen.
G. Der Frau.	A. Die Frau.	G. Der Frauen.	A. Die Frauen.

Wie **die Frau** deklinieren die meisten weiblichen Substantive.

Anmerkung: *a*) Die weiblichen Hauptwörter auf **e, el, er** bekommen in der Mehrzahl nur ein **n** (die Mappe, die Mappen, — die Gabel, die Gabeln, — die Feder, die Federn).

b) Die weiblichen Hauptwörter auf **in** bilden die Mehrzahl auf **innen** (die Schülerin, die Schülerinnen).

II

Starke Deklination. (e mit Umlaut im Plural.)

Einzahl (Singular).	Mehrzahl (Plural).
N. Die Bank.	Die Bänke.
G. Der Bank.	Der Bänke.
D. Der Bank.	Den Bänken.
A. Die Bank.	Die Bänke.

Wie die Bank deklinieren :

Die Angst.	Die Gans.	Die Laus.	Die Not.
Die Axt.	Die Hand.	Die Luft.	Die Nuß.
Die Bank.	Die Haut.	Die Lust.	Die Sau.
Die Braut.	Die Kluft.	Die Macht.	Die Schnur.
Die Brust.	Die Kraft.	Die Magd.	Die Stadt.
Die Faust.	Die Kuh.	Die Maus.	Die Wand.
Die Frucht.	Die Kunst.	Die Nacht.	Die Wurst.

Die Mutter.	Die Mütter.
Die Tochter.	Die Töchter.

Die Namen auf nis :

Die Kenntnis.	Die Kenntnisse, u. s. w.

Zusammenfassung.

Kennzeichen der starken Deklination.

Die **starke Deklination** erkennt man vornehmlich an den **Endungen des Genitivs** und **Dativs** der Einzahl es (s), e : (des Hundes, dem Hunde), und **oft** an der **Endung** e und er im **Nominativ** der **Mehrzahl** : (die Hunde, die Kinder). — Außerdem nehmen **viele** Wörter der **starken** Deklination den **Umlaut** an : (der Stuhl, die Stühle; der Sohn, die Söhne; der Bruder, die Brüder; die Tochter, die Töchter).

Kennzeichen der schwachen Deklination.

Die **schwache** Deklination erkennt man an der **Endung** n oder en : (die Feder, die Federn, der Mensch, des Menschen, dem Menschen, den Menschen, die Menschen). — **Kein** Substantiv der **schwachen** Deklination nimmt den Umlaut an.

Deklination des Adjektivs.

I. Starke Deklination (ohne Artikel).

Einzahl (Singular). | **Mehrzahl** (Plural).

Männlich.	Weiblich.	Sächlich.	
N. guter Wein.	gute Milch.	gutes Bier.	gute Weine.
G. guten Weines.	guter Milch.	guten Bieres.	guter Weine.
D. gutem Wein.	guter Milch.	gutem Bier.	guten Weinen.
A. guten Wein.	gute Milch.	gutes Bier.	gute Weine.

II. Schwache Deklination (mit: der, dieser, welcher, u. s. w.).

Einzahl (Singular). | **Mehrzahl** (Plural).

Männlich.	Weiblich.	Sächlich.	
N. der gute Schüler.	die gute Schülerin.	das gute Kind.	die guten Kinder.
G. des guten Schülers.	der guten Schülerin.	des guten Kindes.	der guten Kinder.
D. dem guten Schüler.	der guten Schülerin.	dem guten Kind(e).	den guten Kindern.
A. den guten Schüler.	die gute Schülerin.	das gute Kind.	die guten Kinder.

Wie **der gute** Schüler deklinieren :

a) **Die Demonstrativa :**

derjenige,	diejenige,	dasjenige	diejenigen.
derselbe,	dieselbe,	dasselbe	dieselben.

b) **Die Possessiva :**

der meinige, die meinige, das meinige | die meinigen.

III. Deklination des Adjektivs (mit : ein, kein, mein, u. s. w.).

Einzahl (Singular). | **Mehrzahl** (Plural).

Männlich.	Weiblich.	Sächlich.		
N. ein guter Schüler.	eine gute Schülerin.	ein gutes Kind.	gute Kinder.	meine guten...
G. eines guten Schülers.	einer guten Schülerin.	eines guten Kindes.	guter Kinder.	meiner guten...
D. einem guten Schüler.	einer guten Schülerin.	einem guten Kind(e).	guten Kindern.	meinen guten...
A. einen guten Schüler.	eine gute Schülerin.	ein gutes Kind.	gute Kinder.	meine guten...

Steigerung.

a) **Adjektive.**			*b)* **Adverbien.**		
Positiv.	**Komparativ.**	**Superlativ.**	**Positiv.**	**Komparativ.**	**Superlativ.**
schön	schöner	der schönste.	wenig	weniger	am wenigsten.
fleißig	fleißiger	der fleißigste.	viel	mehr	am meisten.
stark	stärker	der stärkste.	gut	besser	am besten.
hoch	höher	der höchste.			
gut	besser	der beste.			

Nehmen den Umlaut an : alt, arm, arg, groß, jung, kalt, krank, klug, krumm, kurz, lang, rot, stark, scharf, schwarz.

Konjugation.

I. Hülfsverben der Zeit : sein.

	Indikativ.	Konjunktiv.
Präsens.	ich bin. du bist. er (sie, es) ist. wir sind. ihr seid. sie sind. Sie sind.	ich sei. du seist. er (sie, es) sei. wir seien. ihr seiet. sie seien. Sie seien.
Präteritum oder Imperfektum.	ich war. du warst. er (sie, es) war. wir waren. ihr waret. sie waren. Sie waren.	ich wäre. du wärest. er wäre. wir wären. ihr wäret. sie wären. Sie wären.
Perfektum.	ich bin… gewesen. du bist… gewesen. u. s. w.	ich sei… gewesen. du seist… gewesen. u. s. w.
Plusquamperfektum.	ich war… gewesen. du warst… gewesen. u. s. w.	ich wäre… gewesen. du wärest… gewesen. u. s. w.
Erstes Futurum.	ich werde… sein. du wirst… sein. er wird… sein. u. s. w.	ich werde… sein. du werdest… sein. er werde… sein. u. s. w.
Zweites Futurum.	ich werde… gewesen sein.	ich werde… gewesen sein. u. s. w.

Konditionalis.

Erster Konditionalis.	Zweiter Konditionalis.
ich würde… sein. du würdest… sein. er würde… sein. u. s. w. oder ich wäre. du wärest. u. s. w.	ich würde… gewesen sein. du würdest… gewesen sein. er würde… gewesen sein. u. s. w. oder ich wäre… gewesen. du wärest… gewesen, u. s. w.

Imperativ.	
sei. { seien wir. { laßt uns… sein. { wir wollen… sein. seid. Seien sie (Sie).	Infinitiv : sein. Infinitiv des Perfektums : gewesen sein. Partizip des Präsens : seiend. Partizip des Perfektums : gewesen.

Hülfsverben der Zeit: haben.

	Indikativ.	Konjunktiv.
Präsens.	ich habe. du hast. er (sie, es) hat. wir haben. ihr habt. sie haben.	ich habe. du habest. er (sie, es) habe. wir haben. ihr habet. sie haben.
Präteritum oder Imperfektum.	ich hatte. du hattest. er (sie, es) hatte. wir hatten. ihr hattet. sie hatten.	ich hätte. du hättest. er (sie, es) hätte. wir hätten. ihr hättet. sie hätten.
Perfektum.	ich habe... gehabt. du hast... gehabt. u. s. w.	ich habe... gehabt. du habest... gehabt. u. s. w.
Plusquamperfektum.	ich hatte... gehabt. du hattest... gehabt. u. s. w.	ich hätte... gehabt. du hättest... gehabt. u. s. w.
Erstes Futurum.	ich werde... haben. du wirst... haben. er wird... haben. u. s. w.	ich werde... haben. du werdest... haben. er werde... haben. u. s. w.
Zweites Futurum.	ich werde... gehabt haben. u. s. w.	ich werde... ⟩ gehabt haben. du werdest... ⟩ u. s. w.

Konditionalis.

Erster Konditionalis.	**Zweiter Konditionalis.**
ich würde... haben. du würdest... haben. er würde... haben. u. s. w. oder ich hätte. du hättest, u. s. w.	ich würde... gehabt haben. du würdest... gehabt haben. er (sie, es) würde... gehabt haben. u. s. w. oder Ich hätte... gehabt. du hättest... gehabt, u. s. w.

Imperativ.	
habe. (haben wir. { laßt uns haben. (wir wollen... haben. habt. haben sie (Sie).	**Infinitiv:** haben. **Infinitiv des Perfektums:** gehabt haben. **Partizip des Präsens:** habend. **Partizip des Perfektums:** gehabt.

Hülfsverben der Zeit : werden.

	Indikativ.	**Konjunktiv.**
Präsens.	ich werde. du wirst. er (sie, es) wird. wir werden. ihr werdet. sie werden.	ich werde. du werdest. er (sie, es) werde. wir werden. ihr werdet. sie werden.
Präteritum oder **Imperfektum.**	ich wurde. du wurdest. er (sie, es) wurde. wir wurden. ihr wurdet. sie wurden.	ich würde. du würdest. er (sie, es) würde. wir würden. ihr würdet. sie würden.
Perfektum.	ich bin... geworden. du bist... geworden, u. s. w.	ich sei.... geworden. du seist... geworden. u. s. w.
Plusquamperfektum.	ich war... geworden. du warst... geworden. u. s. w.	ich wäre... geworden. du wärest... geworden. u. s. w.
Erstes Futurum.	ich werde... werden. du wirst... werden. er wird... werden. u. s. w.	ich werde... werden. du werdest... werden. er werde... werden. u. s. w.
Zweites Futurum.	ich werde... geworden sein.	ich werde... geworden sein. u.s.w.

Konditionalis.

Erster Konditionalis.	**Zweiter Konditionalis.**
ich würde... werden. du würdest... werden. er (sie, es) würde... werden. u. s. w. oder ich würde. du würdest. u. s. w.	ich würde... geworden sein. du würdest... geworden sein. er (sie, es) würde... geworden sein. oder ich wäre... geworden. du wärest... geworden. u. s. w.

Imperativ	
werde. { werden wir. { laßt uns werden. { wir wollen... werden. werdet. werden sie (Sie).	**Infinitiv :** werden. **Infinitiv des Perfektums :** geworden sein. **Partizip des Präsens :** werdend. **Partizip des Perfektums :** geworden.

Hülfsverben der Art und Weise oder des Modus.

Infinitiv.	Indikativ Präsens.	Präteritum.		Partizip.
		Indikativ.	Konjunktiv.	
können.	ich kann. du kannst. er kann. wir können. ihr könnt. sie können.	ich konnte. du konntest. er konnte. wir konnten. ihr konntet. sie konnten.	ich könnte. du könntest. er könnte. wir könnten. ihr könntet. sie könnten.	gekonnt oder können.
dürfen.	ich darf. du darfst. er darf. wir dürfen. u. s. w.	ich durfte. du durftest. er durfte. wir durften. u. s. w.	ich dürfte. du dürftest. er dürfte. u. s. w.	gedurft oder dürfen.
mögen.	ich mag. du magst. er mag. wir mögen. u. s. w.	ich mochte. du mochtest. er mochte. wir mochten. u. s. w.	ich möchte. du möchtest. er möchte. u. s. w.	gemocht oder mögen.
wollen.	ich will. du willst. er will. wir wollen. u. s. w.	ich wollte. du wolltest. er wollte. wir wollten. u. s. w.	ich wollte. du wolltest. er wollte. u. s. w.	gewollt oder wollen.
sollen.	ich soll. du sollst. er soll. wir sollen. u. s. w.	ich sollte. du solltest. er sollte. wir sollten. u. s. w.	ich sollte. du solltest. er sollte. u. s. w.	gesollt oder sollen.
müssen.	ich muß. du mußt. er muß. wir müssen. u. s. w.	ich mußte. du mußtest. er mußte. wir mußten. u. s. w.	ich müßte. du müßtest. er müßte. u. s. w.	gemußt oder müssen.

Schwach konjugierte oder regelmäßige Verben : holen.

	Indikativ.	Konjunktiv.
Präsens.	ich hole. du holst. er (sie, es) holt. wir holen. ihr holt. sie holen.	ich hole. du holest. er (sie, es) hole. wir holen. ihr holet. sie holen.
Präteritum oder **Imperfektum.**	ich holte. du holtest. er holte. wir holten. ihr holtet. sie holten.	ich holte. du holtest. er (sie, es) holte. wir holten. ihr holtet. sie holten.
Perfektum.	ich habe... geholt. du hast... geholt. u. s. w.	ich habe... geholt. du habest... geholt. u. s. w.
Plusquamperfektum.	ich hatte... geholt. du hattest... geholt. u. s. w.	ich hätte... geholt. du hättest... geholt. u. s. w.
Erstes Futurum.	ich werde... holen. du wirst... holen. u. s. w.	ich werde... holen. du werdest... holen. u. s. w.
Zweites Futurum.	ich werde... geholt haben. du wirst... geholt haben. u. s. w.	ich werde... geholt haben. du werdest... geholt haben. u. s. w.

Konditionalis.

Erster Konditionalis.	**Zweiter Konditionalis.**
ich würde... holen. du würdest... holen. er würde... holen. u. s. w. oder ich holte. du holtest. u. s. w.	ich würde... geholt haben. du würdest... geholt haben. u. s. w. oder ich hätte... geholt. du hättest... geholt. u. s. w.

Imperativ.	
hole. { holen wir. { laßt uns holen. { wir wollen... holen. holt. holen sie (Sie).	**Infinitiv :** holen. **Infinitiv des Perfektums :** geholt haben. **Partizip des Präsens :** holend. **Partizip des Perfektums :** geholt.

Kennzeichen der schwachen Konjugation.

Verben, welche den **Stammvokal unverändert** lassen und ihre einfachen Zeitformen (Tempora) nur durch **Endungen** bilden, werden **schwach konjugierte** oder **schwache Verben** genannt.

Das reflexive Zeitwort.

	Indikativ.	**Konjunktiv.**
Präsens.	ich setze mich. du setzest (setzt) dich. er (sie, es) setzt sich. wir setzen uns. ihr setzt euch. sie setzen sich.	ich setze mich. du setzest dich. er (sie, es) setze sich. wir setzen uns. ihr setzet euch. sie setzen sich.
Präteritum oder **Imperfektum.**	ich setzte mich. du setztest dich. er setzte sich.	ich setzte mich. du setztest dich. er (sie, es) setzte sich. u. s. w.
Perfekt.	ich habe mich gesetzt. du hast dich gesetzt. u. s. w.	ich habe mich gesetzt. du habest dich gesetzt. u. s. w.
Plusquamperfektum.	ich hatte mich gesetzt. u. s. w.	ich hätte mich gesetzt. u. s. w.
Erstes Futurum.	ich werde mich setzen. du wirst dich setzen. u. s. w.	ich werde mich setzen. du werdest dich setzen. u. s. w.
Zweites Futurum.	ich werde mich gesetzt haben. du wirst dich gesetzt haben. u. s. w.	ich werde mich gesetzt haben. du werdest dich gesetzt haben. u. s. w.

Konditionalis.

Erster Konditionalis.	**Zweiter Konditionalis.**
ich würde mich setzen, u. s. w. oder ich setzte mich.	ich würde mich gesetzt haben. oder ich hätte mich gesetzt.

Imperativ.	
setze dich. (setzen wir uns. (wir wollen uns setzen. setzt euch. setzen sie (Sie) sich.	**Infinitiv:** sich setzen. **Infinitiv des Perfektums:** sich gesetzt haben. **Partizip des Präsens:** sich setzend. **Partizip des Perfektums:** sich gesetzt.

Die passive oder leidende Form.

	Indikativ.	Konjunktiv.
Präsens.	ich werde... gelobt. du wirst... gelobt. er wird... gelobt. wir werden... gelobt. ihr werdet... gelobt. sie werden... gelobt.	ich werde... gelobt. du werdest... gelobt. er (sie, es) werde... gelobt. wir werden... gelobt. ihr werdet... gelobt. sie werden... gelobt.
Präteritum oder Imperfektum.	ich wurde... gelobt. du wurdest... gelobt. er wurde... gelobt. wir wurden... gelobt. ihr wurdet... gelobt. sie wurden... gelobt.	ich würde... gelobt. du würdest... gelobt. er würde... gelobt. wir würden... gelobt. ihr würdet... gelobt. sie würden... gelobt.
Perfektum.	ich bin... gelobt worden.	ich sei... gelobt worden.
Plusquamperfektum.	ich war... gelobt worden.	ich wäre... gelobt worden.
Erstes Futurum.	ich werde... gelobt werden.	ich werde... gelobt werden. du werdest... gelobt werden.
Zweites Futurum.	ich werde... gelobt worden sein.	ich werde... gelobt worden sein. du werdest.. gelobt worden sein.

Konditionalis.

Erster Konditionalis.	Zweiter Konditionalis.
ich würde... gelobt werden. oder ich würde... gelobt.	ich würde... gelobt worden sein. oder ich wäre... gelobt worden.

Imperativ.		
werde gelobt. werden wir gelobt. werdet gelobt. werden sie (Sie) gelobt.	Infinitiv :	gelobt werden.
	Infinitiv des Perfekts :	gelobt worden sein.
	Erstes Partizip :	gelobt werdend.
	Zweites Partizip :	gelobt worden.

Zusammengesetzte Verben.

I

Mit untrennbaren Partikeln.

be, emp, ent, er, ge, ver, zer, miß, (hinter, wider).

Partizip ohne die Vorsilbe **ge.**

Diese Partikeln sind unbetont.

II

Mit trennbaren Partikeln.

Ich mache die Tür **auf.**

Ich habe die Tür **auf**gemacht.

Ich will die Tür **auf**machen.

Ich bitte dich, die Tür **auf**zumachen.

Ich will, daß du die Tür **auf**machst.

Anmerkung: Die trennbare Partikel ist eine Ergänzung und zwar die letzte von allen.

Wenn die Partikel vor dem Verb steht, so wird sie mit dem Verb verbunden.

Zusammenstellung der trennbaren Partikeln.

ab, hinab, herab.	hin.
an, hinan, heran.	los.
auf, hinauf, herauf.	mit.
aus, hinaus, heraus.	nach.
bei, herbei.	nieder.
dar, davon.	ob
ein, hinein, herein.	vor, hervor.
entgegen.	weg, hinweg.
entzwei.	zu, hinzu, herzu.
fort.	zurück.
heim.	zusammen.
her.	

Diese Partikeln sind immer stark betont.

III

Schwankende Partikeln.

durch, über, um, unter.

Diese Partikeln sind bald trennbar, also betont: bald untrennbar, also unbetont.

Starke Verben : nehmen.

	Indikativ.	Konjunktiv.
Präsens.	ich nehme. du nimmst. er (sie, es) nimmt. wir nehmen. ihr nehmt. sie nehmen.	ich nehme. du nehmest. er (sie, es) nehme. wir nehmen. ihr nehmet. sie nehmen.
Präteritum oder Imperfektum.	ich nahm. du nahmst. er (sie, es) nahm. wir nahmen. ihr nahmt. sie nahmen.	ich nähme. du nähmest. er (sie, es) nähme. wir nähmen. ihr nähmet. sie nähmen.
Perfektum.	ich habe... genommen. du hast... genommen. u. s. w.	ich habe... genommen. du habest... genommen. u. s. w.
Plusquamperfektum.	ich hatte... genommen. du hattest... genommen. u. s. w.	ich hätte... genommen. du hättest... genommen. u. s. w.
Erstes Futurum.	ich werde... nehmen. du wirst... nehmen. u. s. w.	ich werde... nehmen. du werdest... nehmen. u. s. w.
Zweites Futurum.	ich werde... genommen haben. du wirst... genommen haben. u. s. w.	ich werde... genommen haben. du werdest... genommen haben. u. s. w.

Konditionalis.

Erster Konditionalis.	**Zweiter Konditionalis.**
ich würde... nehmen, oder ich nähme.	ich würde... genommen haben, oder ich hätte genommen.

Imperativ.	
nimm. { nehmen wir. laßt uns... nehmen. wir wollen... nehmen. nehmt. nehmen sie (Sie).	**Infinitiv :** nehmen. **Infinitiv des Perfektums:** genommen haben. **Partizip des Präsens :** nehmend. **Partizip des Perfektums:** genommen.

Kennzeichen der starken Konjugation.

Verben, welche den **Stammvokal verändern,** werden **stark konjugierte** oder **starke Verben** genannt.

Das Partizip hat immer die Endung **en.**

Zusammenstellung der starken Verben.

Classen.	Infinitiv.	Präteritum.	Partizip.	Präsens. Indikativ 2. und 3. Person Singular.	Imperativ. Zweite Person Singular.
Erste Classe a.					
	blasen.	ich blies.	ich habe geblasen.	du bläst. / er bläst.	
	braten.	ich briet.	ich habe gebraten.	du brätst. / er brät.	
	fallen.	ich fiel.	ich bin gefallen.	du fällst. / er fällt.	
	fangen.	ich fing.	ich habe gefangen.	du fängst. / er fängt.	
1. Gruppe. a, ie, a, ä.	halten.	ich hielt.	ich habe gehalten.	du hältst. / er hält.	
	hangen.	ich hing.	ich habe gehangen.	du hängst. / er hängt.	
	lassen.	ich ließ.	ich habe gelassen.	du läßt. / er läßt.	
	raten.	ich riet.	ich habe geraten.	du rätst. / er rät.	
	schlafen.	ich schlief.	ich habe geschlafen.	bu schläfst. / er schläft.	
	laufen.	ich lief.	ich bin gelaufen.	du läufst. / er läuft.	
	backen.	ich buck. / ich backte.	ich habe gebacken.	du bäckst (backst). / er bäckt (backt).	
	fahren.	ich fuhr.	ich bin gefahren.	du fährst. / er fährt.	
	graben.	ich grub.	ich habe gegraben.	du gräbst. / er gräbt.	
	laden.	ich lud.	ich habe geladen.	du lädst (ladest). / er lädt (ladet).	
2. Gruppe. a. u, a, ä.	schaffen [1].	ich schuf.	ich habe geschaffen.	du schaffst. / er schafft.	
	schlagen.	ich schlug.	ich habe geschlagen.	du schlägst. / er schlägt.	
	tragen.	ich trug.	ich habe getragen.	du trägst. / er trägt.	
	wachsen.	ich wuchs.	ich bin gewachsen.	du wächst. / er wächst.	
	waschen.	ich wusch.	ich habe gewaschen.	du wäscht. / er wäscht.	
Zweite Classe e.					
	essen.	ich aß.	ich habe gegessen.	du ißt. / ißt.	iß.
	fressen.	ich fraß.	ich habe gefressen.	du frißt. / er frißt.	friß.
1. Gruppe. e, a, e, i.	geben.	ich gab.	ich habe gegeben.	du gibst. / er gibt.	gib.
	genesen.	ich genas.	ich bin genesen.	du genest. / er genest.	genese.
	lesen.	ich las.	ich habe gelesen.	du liest. / er liest.	lies.

1. Auch schwach.

Zusammenstellung der starken Verben. (Fortsetzung.)

Claſſen.	Infinitiv.	Präteritum.	Partizip.	Präsens. Indikativ 2. und 3. Person Singular.	Imperativ. Zweite Person Singular.
Zweite Claſſe e. (Fortſetzung.) 1. Gruppe. e, a, e, i.	meſſen.	ich maß.	ich habe gemeſſen.	du mißt. er mißt.	miß.
	ſehen.	ich ſah.	ich habe geſehen.	du ſiehſt. er ſieht.	ſieh.
	treten.	ich trat.	ich bin getreten.	du trittſt. er tritt.	tritt.
	vergeſſen.	ich vergaß.	ich habe vergeſſen.	du vergißt. er vergißt.	vergiß.
2. Gruppe. e, a, o, i.	befehlen.	ich befahl.	ich habe befohlen.	du befiehlſt. er befiehlt.	befiehl.
	bergen.	ich barg.	ich habe geborgen.	du birgſt. er birgt.	birg.
	berſten [1].	ich barſt.	ich bin geborſten.	du birſt. er birſt.	birſt.
	brechen.	ich brach.	ich habe gebrochen.	du brichſt. er bricht.	brich.
	empfehlen.	ich empfahl.	ich habe empfohlen.	du empfiehlſt. er empfiehlt.	empfiehl.
	erſchrecken [2]	ich erſchrak.	ich bin erſchrocken.	du erſchrickſt. er erſchrickt.	erſchrick.
	gelten.	ich galt.	ich habe gegolten.	du giltſt. er gilt.	gilt.
	helfen.	ich half.	ich habe geholfen.	du hilfſt. er hilft.	hilf.
	nehmen.	ich nahm.	ich habe genommen.	du nimmſt. er nimmt.	nimm.
	ſchelten.	ich ſchalt.	ich habe geſcholten.	du ſchiltſt. er ſchilt.	ſchilt.
	ſprechen.	ich ſprach.	ich habe geſprochen.	du ſprichſt. er ſpricht.	ſprich.
	ſtechen.	ich ſtach.	ich habe geſtochen.	du ſtichſt. er ſticht.	ſtich.
	ſtehlen.	ich ſtahl.	ich habe geſtohlen.	du ſtiehlſt. er ſtiehlt.	ſtiehl.
	ſterben.	ich ſtarb.	ich bin geſtorben.	du ſtirbſt. er ſtirbt.	ſtirb.
	treffen.	ich traf.	ich habe getroffen.	du triffſt. er trifft.	triff.
	verderben [2].	ich verdarb.	ich bin verdorben.	du verdirbſt. er verdirbt.	verdirb.
	werben.	ich warb.	ich habe geworben.	du wirbſt. er wirbt.	wirb.
	werden.	ich ward.	ich bin geworden.	du wirſt. er wird.	werde.
	werfen.	ich warf.	ich habe geworfen.	du wirfſt. er wirft.	wirf.
	gebären.	ich gebar.	ich habe geboren.	du gebierſt (ä). er gebiert (ä).	gebier (gebäre).

1. Auch ſchwach.
2. Tranſitiv nach der ſchwachen Konjugation.

Zusammenstellung der starken Verben. (Fortsetzung.)

Classen.	Infinitiv.	Präteritum.	Partizip.	Präsens. Indikativ 2. und 3. Person Singular.	Imperativ. Zweite Person Singular.
Zweite Classe e. (Fortsetzung.)	bewegen.	ich bewog.	ich habe bewogen.	du bewegst. er bewegt.	bewege.
	dreschen.	ich drosch.	ich habe gedroschen.	du drischst. er drischt.	drisch.
	fechten.	ich focht.	ich habe gefochten.	du fichtst. er ficht.	ficht (fechte).
	flechten.	ich flocht.	ich habe geflochten.	du flichtst. er flicht.	flicht(flechte).
	heben.	ich hob.	ich habe gehoben.	du hebst. er hebt.	hebe.
	melken.	ich molk. (melkte).	ich habe gemolken.	du melkst. er melkt.	melke.
	quellen.	ich quoll.	ich bin gequollen.	du quillst. er quillt.	quill.
3. Gruppe. e, o, o, i (e).	scheren.	ich schor.	ich habe geschoren.	du scherst. er schert.	schere.
	schmelzen[1].	ich schmolz.	ich bin geschmolzen.	du schmilzst. er schmilzt.	schmilz.
	schwellen[1].	ich schwoll.	ich bin geschwollen.	du schwillst. er schwillt.	schwill.
	weben.	ich wob.	ich habe gewoben.	du webst. er webt.	webe.
	gären.	ich gor.	ich habe gegoren.	du gärst. er gärt.	gäre.
	rächen[2].	ich rächte.	ich habe gerächt.	du rächst. er rächt.	räche.
	wägen.	ich wog.	ich habe gewogen.	du wägst. er wägt.	wäge.
	erlöschen.	es erlosch.	es ist erloschen.	du erlöschst. es erlöscht.	erlösche.
	schwören.	ich schwor.	ich habe geschworen.	du schwörst. er schwört.	schwöre.
Dritte Classe i.	binden.	ich band.	ich habe gebunden.		
	dringen.	ich drang.	ich bin gedrungen.		
	finden.	ich fand.	ich habe gefunden.		
	gelingen.	es gelang.	es ist gelungen.		
	klingen.	es klang.	es hat geklungen.		
	ringen.	ich rang.	ich habe gerungen.		
1. Gruppe. i, a, u.	schlingen.	ich schlang.	ich habe geschlungen.		
	schwinden.	ich schwand.	ich bin geschwunden.		
	schwingen.	ich schwang.	ich habe geschwungen.		
	singen.	ich sang.	ich habe gesungen.		
	sinken.	ich sank.	ich bin gesunken.		
	springen.	ich sprang.	ich bin gesprungen.		
	stinken.	es stank.	es hat gestunken.		
	trinken.	ich trank.	ich habe getrunken.		
	winden.	ich wand.	ich habe gewunden.		
	zwingen.	ich zwang.	ich habe gezwungen.		

1. Transitiv nach der schwachen Konjugation.
2. Die starke Form veraltet.

Zusammenstellung der starken Verben. (Fortsetzung.)

Classen.	Infinitiv.	Präteritum.	Partizip.	Präsens. Indikativ. 2. und 3. Person Singular.	Imperativ. Zweite Person Singular.
Dritte Classe i. 2. Gruppe. i, a, o.	beginnen.	ich begann.	ich habe begonnen.		
	gewinnen.	ich gewann.	ich habe gewonnen.		
	rinnen.	es rann.	es ist geronnen.		
	schwimmen.	ich schwamm.	ich bin geschwommen.		
	sinnen.	ich sann.	ich habe gesonnen.		
	spinnen.	ich spann.	ich habe gesponnen.		
Vierte Classe ei. 1. Gruppe. ei, ie, ie.	bleiben.	ich blieb.	ich bin geblieben.		
	gedeihen.	ich gedieh.	ich bin gediehen.		
	heißen.	ich hieß.	ich habe geheißen.		
	leihen.	ich lieh.	ich habe geliehen.		
	meiden.	ich mied.	ich habe gemieden.		
	preisen.	ich pries.	ich habe gepriesen.		
	reiben.	ich rieb.	ich habe gerieben.		
	scheiden.	ich schied.	ich habe geschieden [1].		
	scheinen.	ich schien.	ich habe geschienen.		
	schreiben.	ich schrieb.	ich habe geschrieben.		
	schreien.	ich schrie.	ich habe geschrieen.		
	schweigen.	ich schwieg.	ich habe geschwiegen.		
	speien.	ich spie.	ich habe gespieen.		
	steigen.	ich stieg.	ich bin gestiegen.		
	treiben.	ich trieb.	ich habe getrieben.		
	weisen.	ich wies.	ich habe gewiesen.		
	verzeihen.	ich verzieh.	ich habe verziehen.		
2. Gruppe. ei, i, i.	sich befleißen	ich befliß mich.	ich habe mich beflissen.		
	beißen.	ich biß.	ich habe gebissen.		
	bleichen.	ich blich.	ich habe (bin) geblichen.		
	gleichen.	ich glich.	ich habe geglichen.		
	gleiten.	ich glitt.	ich bin geglitten.		
	greifen.	ich griff.	ich habe gegriffen.		
	leiden.	ich litt.	ich habe gelitten.		
	pfeifen.	ich pfiff.	ich habe gepfiffen.		
	reißen.	ich riß.	ich habe gerissen.		
	reiten.	ich ritt.	ich bin geritten.		
	schleichen.	ich schlich.	ich bin geschlichen.		
	schleifen.	ich schliff.	ich habe geschliffen.		
	schneiden.	ich schnitt.	ich habe geschnitten.		
	schreiten.	ich schritt.	ich bin geschritten.		
	streichen.	ich strich.	ich habe gestrichen.		
	streiten.	ich stritt.	ich habe gestritten.		
	weichen.	ich wich.	ich bin gewichen.		

1. Intransitiv mit **sein.**

Zusammenstellung der starken Verben. (Fortsetzung.)

Classen.	Infinitiv.	Präteritum.	Partizip.	Präsens. Indikativ. 2. und 3. Person Singular.	Imperativ. Zweite Person Singular.
Fünfte Classe **ie.**	biegen.	ich bog.	ich habe gebogen.		
	bieten.	ich bot.	ich habe geboten.		
	fliegen.	ich flog.	ich bin geflogen.		
	fliehen.	ich floh.	ich bin geflohen [1].		
	fließen.	es floß.	es ist geflossen.		
	frieren.	es fror.	es hat gefroren.		
	genießen.	ich genoß.	ich habe genossen.		
	kriechen.	ich kroch.	ich bin gekrochen.		
	lügen.	ich log.	ich habe gelogen.		
	gießen.	ich goß.	ich habe gegossen.		
	riechen.	ich roch.	ich habe gerochen.		
ie, o, o.	schieben.	ich schob.	ich habe geschoben.		
	schießen.	ich schoß.	ich habe geschossen.		
	schließen.	ich schloß.	ich habe geschlossen.		
	sieden.	ich sott.	ich habe gesotten.		
	sprießen.	es sproß.	es ist (hat) gesprossen.		
	triefen.	ich troff.	ich habe getroffen [2].		
	betrügen.	ich betrog.	ich habe betrogen.		
	verdrießen.	ich verdroß.	ich habe verdrossen.		
	verlieren.	ich verlor.	ich habe verloren.		
	wiegen.	ich wog.	ich habe gewogen.		
	ziehen.	ich zog.	ich habe gezogen.		
Verschiedene.	bitten.	ich bat.	ich habe gebeten.		
	hauen.	ich hieb.	ich habe gehauen.		
	gehen.	ich ging.	ich bin gegangen.		
	kommen.	ich kam.	ich bin gekommen.		
	liegen.	ich lag.	ich habe gelegen.		
	rufen.	ich rief.	ich habe gerufen.		
	saufen.	ich soff.	ich habe gesoffen.		
	saugen.	ich sog.	ich habe gesogen.		
	sitzen.	ich saß.	ich habe gesessen.		
	stehen.	ich stand.	ich habe gestanden.		
	stoßen.	ich stieß.	ich habe gestoßen.	du stößt. er stößt.	
	tun.	ich tat.	ich habe getan.		
Gemischte.	wissen.	ich wußte.	ich habe gewußt.		
	bringen.	ich brachte.	ich habe gebracht.		
	denken.	ich dachte.	ich habe gedacht.		
	brennen.	ich brannte.	ich habe gebrannt.		
	kennen.	ich kannte.	ich habe gekannt.		
	nennen.	ich nannte.	ich habe genannt.		
	rennen.	ich rannte.	ich bin gerannt [1].		

1. Wird Transitiv mit **haben** konjugiert.
2. Auch schwach.

II. Zusammenstellung der erlernten Präpositionen.

Mit Dativ oder Akkusativ.	Mit Dativ.	Mit Akkusativ.	Mit Genitiv.
an.	aus.	durch.	während.
auf.	bei.	für.	wegen.
hinter.	mit.	gegen.	außerhalb.
in.	nach.	ohne.	innerhalb.
neben.	seit.	um.	oberhalb.
über.	von.	wider.	unterhalb.
unter.	zu.		längs.
vor.	—		statt.
zwischen.			trotz.
	außer.		diesseits.
	entgegen.		jenseits. u. s. w.
	gegenüber.		
	zuwider.		

III. Zusammenstellung der erlernten Konjunktionen.

Beiordnende Konjunktionen.		Unterordnende Konjunktionen.			
und.	oder.	als.	daß.	ob.	während.
aber, allein.	entweder...oder.	bevor, ehe.	so daß.	als ob.	weil.
sondern.	noch.	bis.	indem.	obgleich, obschon.	wenn.
denn.	weder... noch.	da.	nachdem.	seit, seitdem.	wenn gleich.
nämlich.		damit.		sobald als.	wenn auch.
					wenn nur.
					wie.

Satzbau.

I. Hauptsatz.

A. Gerade Wortfolge.

a) Ich gehe an die Tafel.
Ich gehe an meinen Platz zurück.
b) Ich will an die Tafel gehen.
Ich bin an meinen Platz zurückgegangen.

Anmerkung: Der Infinitiv und das Partizip stehen immer nach den Ergänzungen.

B. Inversion.

a) { Zuerst gehe ich an die Tafel; dann nehme ich den Schwamm.
{ Im Herbst fallen die Blätter ab.
b) { Zuerst bin ich an die Tafel gegangen.
{ Im Herbst sind die Blätter abgefallen.

Anmerkung: Wenn im Hauptsatz eine Ergänzung am Anfang des Satzes steht, so tritt das Subjekt hinter das Verb.

C. Fragesatz.

a) **Ja- und Nein-Fragen.**
Geht dein Nachbar an die Tafel?
Ist dein Nachbar an die Tafel gegangen?
Fallen die Blätter ab?
Sind die Blätter abgefallen?

b) **W-Fragen.**
Wer geht an die Tafel?
Wann fallen die Blätter ab?
Womit schreibst du?
In welchem Monat fallen die Blätter ab?

II. Nebensatz.

Ein Mensch, der nicht sehen kann, ist blind.
Die Schüler, die ihre Arbeiten nicht gemacht haben, werden gestraft.
Die Kinder sind froh, weil sie schöne Geschenke bekommen.
Ich gehe an die Tafel, nachdem ich aufgestanden bin.

Anmerkung: In dem Nebensatz steht das Verb am Schluß.

Wenn der Hauptsatz hinter dem Nebensatz steht.

Wenn die Blätter abfallen, so ist der Winter vor der Thür.
Nachdem ich aufgestanden bin, gehe ich an die Tafel.

Anmerkung: Wenn der Hauptsatz hinter dem Nebensatz steht, so tritt in dem Hauptsatz Inversion ein, das heißt: das Subjekt tritt hinter das Verb.

Wörterverzeichnis.

mit Angabe:

a) des Geschlechts und der Deklination bei den Substantiven;
b) des Umlauts im Komparativ und Superlativ der Adjektive;
c) der Vokalveränderungen bei den starken Verben.

Nach jedem Wort bezeichnet die erste Zahl die S e i t e, und die zweite Zahl den §, wo dieses Wort zum ersten Mal vorkommt.

A

Aachen, 8, 11.
ab, 26, 42.
ab=brechen (a, o, i), 63, 110.
ab=brücken, 20, 34.
Abend (der), (s, e), 36, 58.
Abendgesellschaft (die), (-, en), 36, 58.
Abendglocke (die), (-, n), 52, 91.
Abendrot (das), 63, 111.
abends, 52, 91.
aber, 4, 5.
ab=fahren (u, a, ä), 96, 181.
Abfahrt (die), (-, en), 9, 13.
ab=fallen (ie, a, ä), 14, 24.
ab=feuern, 20, 33.
Abgrund (der), (es, ¨e), 93, 175.
ab=halten (ie, a, ä), 14, 23.
Abhang (der), (s, ¨e), 14, 23.
ab=heben (o, o), 40, 66.
ab=holen, 34, 53.
ab=mähen, 87, 161.
ab=nehmen (a, o, i), 35, 58.
ab=raupen, 60, 105.
ab=richten, 38, 62.
ab=schicken, 36, 59.
Abschied (der), (s), 2, 2.
ab=schießen (o, o), 50, 88.
ab=schneiden (schnitt, geschnitten), 16, 27.
ab=schreiben (ie, ie), 42, 72.
Absender (der), (s, -), 36, 59.
ab=steigen (ie, ie), 11, 17.
Abteilung (die), (-, en), 2, 1.
ab=werfen (a, o, i), 73, 137.
ab=wischen, 41, 68.
ab=zweigen, 5, 6.
ach, 11, 18.
acht, 19, 32.
achten, 69, 126.
Acker (der), (s, ¨), 14, 24.
Ackergerät (das), (s, e), 44, 75.
Ackersmann (der) (s,-leute), 26, 41.
Adler (der), (s, -), 93, 175.
Adressat (der), (en, en), 37, 60.
Adresse (die), (-, n), 37, 60.
adressieren, 37, 60.
Adverb (das), (s, ien), 52, 92.
Advokat (der), (en, en), 48, 84.
Aehre (die), (-, n), 16, 27.

Aehrenleserin (die), (-, nen), 87, 161.
Aeuglein (das), (s, -), 60, 106.
Afrika, 2, 2.
ähnlich, 27, 42.
Algebra (die), (-), 3, 3.
Allee (die), (-, n), 60, 105.
allein, 13, 22.
aller, e, es, 2, 1.
Allerheiligen, 12, 19.
allerlei, 5, 6.
allermeist, 6, 9.
Allerseelen, 12, 19.
allmählich, 92, 172.
Almosen (das), (s, -), 29, 44.
Alpen (die), 90, 168.
Alpenbezirk (das), (s, e), 94, 176.
Alpenhorn (das), (s, ¨er), 94, 176.
Alpenjäger (der), (s, -), 94, 177.
Alpenstock (der), (s, ¨e), 93, 175.
als, 4, 5.
also, 20, 33.
alt (¨), 2, 2.
Altar (der), (s, ¨e), 51, 91.
Alte (der), (n, n), 2, 2.
Altertum (das), (s, ¨er), 3, 3.
Amerika (das), (s), 3, 3.
Amerikaner (der), (s, -), 80, 149.
Amsel (die), (-, n), 57, 99.
Amtmann (der), (s, ¨er), 49, 86.
amüsieren, 38, 62.
an, 5, 6.
an=bieten (o, o), 30, 47.
an=binden (a, u), 69, 127.
Anblick (der), (s, e), 99, 186.
an=brechen (a, o, i), 9, 13.
an=bringen (brachte, gebracht), 52, 91.
Andenken (das), (s), 36, 58.
andere (der, die, das), 7, 10.
Anfang (der), (s, ¨e), 2, 1.
an=fangen (i, a, ä), 42, 71.
anfangs, 15, 25.
an=geben (a, e, i), 14, 23.
Angel (die), (-, n), 89, 165.
angeln, 89, 165.
Angelrute (die), (-, n), 89, 165.
Angelschnur (die), (-, ¨e), 89, 166.
Angler (der), (s, -), 89, 166.

Angst (die), (-, ¨e), 9, 14.
ängstlich, 58, 101.
Anhäufung (die), (-), 82, 153.
Anker (der), (s, -), 96, 181.
an=kommen (a, o), 11, 17.
Ankunft (die), (-), 9, 13.
an=legen, 7, 10.
Anmerkung (die), (-, en), 26, 42.
anmutig, 7, 10.
Anna, 32, 51.
an=pochen, 12, 21.
anprobieren, 45, 76.
Anrede (die), (-, n), 36, 60.
an=reden, 77, 146.
an=rühren, 58, 101.
an=schirren, 72, 134.
an=schlagen, (u, a, ä), 6, 8.
an=sehen (a, e, ie), 24, 44.
Ansichtskarte (die), (-, n), 36, 59.
anstecken, 31, 49.
an=stoßen (ie, o), 36, 58.
Anstreicher (der), (s, -), 6, 8.
Antiquar (der), (s, e), 35, 56.
antworten, 16, 27.
Anwalt (der), (es, e), 48, 84.
Anwesende (der), (n, n), 22, 36.
Anzahl (die), (-), 4, 4.
an=ziehen (o, o), 34, 53.
Anzug (der), (es, ¨e), 44, 75.
an=zünden, 15, 24.
Apfel (der), (s, ¨), 17, 28.
Apfelbaum (der), (s, ¨e), 41, 69.
Apfelsine (die), (-, n), 34, 53.
Apotheker (der), (s, -), 31, 49.
Araber (der), (s, -), 3, 3.
Arbeit (die), (-, en), 2, 1.
arbeiten, 2, 1.
Arbeiter (der), (s, -), 6, 8.
Architekt (der), (en, en), 6, 8.
arg (¨), 69, 126.
arm (¨), 4, 5.
Arm (der), (s, e), 7, 10.
Ärmel (der), (s, -), 70, 127.
Armenhaus (das), (es, ¨er), 46, 78.
Art (die), (-, en), 9, 13.
artig, 29, 45.
Artillerist (der), (en, en), 50, 88.
Arznei (die), (-, en), 31, 49.
Arzt (der), (es, ¨e), 31, 49.
Asche (die), (-), 47, 81.
Asien (das), (s), 3, 3.
Ast (der), (es, ¨e), 14, 24.

Astronom (der), (en, en), 99, 186.
Atem (der), 11, 18.
atmen, 18, 31.
auch, 5, 6.
auf, 2, 2.
auf=bewahren, 60, 105.
auf=binden (a, u), 40, 66.
auf=blasen (ie, a, ä), 91, 171.
auf=decken, 74, 139.
Auferstehung (die), (-), 55, 97.
auf=fliegen (o, o), 20, 33.
Aufgabe (die), (-, n), 42, 72.
auf=geben (a, e, i), 9, 13.
auf=gehen (ging, gegangen), 13, 22.
auf=halten (ie, a, ä), 3, 4.
auf=häufen, 64, 113.
auf=heben (o, o), 13, 22.
auf=hören, 69, 126.
auf=legen, 48, 83.
auf=machen, 12, 21.
aufmerksam, 54, 94.
auf=nehmen (a, o, i), 7, 10.
auf=passen, 45, 77.
auf=picken, 64, 113.
aufrecht, 68, 123.
auf=richten, 6, 9.
Aufsatz (der), (es, ¨e), 3, 3.
auf=schlagen (u, a, ä), 6, 8.
Aufseher (der), (s, -), 39, 64.
Aufsicht (die), (-), 4, 4.
auf=spannen, 78, 147.
auf=sperren, 78, 147.
auf=stehen (stand, gestanden), 41, 68.
auf=stellen, 4, 5.
auf=streifen, 70, 127.
auf=suchen, 30, 47.
auf=tischen, 36, 58.
auf=tragen (u, a, ä), 5, 6.
auf=wachen, 55, 97.
auf=wühlen, 64, 113.
Auge (das), (s, n), 4, 5.
Augenblick (der), (s, e), 9, 13.
aus, 24, 39.
aus=biegen (o, o), 91, 171.
aus=brechen (a, o, i), 46, 79.
aus=breiten, 15, 25.
aus=brüten, 65, 115.
aus=dreschen (o, o, i), 15, 24.
aus=drücken, 17, 29.
auseinanderstehend, 74, 141.
Ausflug (der), (s, ¨e), 89, 165.
aus=führen, 6, 8.
Ausgangstor (das), (es, e) 9, 13.

aus=gehen (ging, gegan=gen), 30, 47.
aus=graben (u, a, ä), 16, 27.
aus=höhlen, 8, 12.
Auslassung (die), (-), 62, 109.
aus=legen, 44, 75.
aus=mauern, 7, 9.
aus=pressen, 17, 28.
aus=reißen (i, i), 31, 49.
aus=rufen (ie, u), 11, 17.
aus=ruhen, 2, 1.
Aussaat (die), (-), 14, 24.
aus=säen, 77, 146.
aus=schenken, 43, 73.
aus=schlagen (u, a, ä), 60, 105.
ausschneiden (schnitt, ge=schnitten), 60, 105.
aus=schütteln, 28, 43.
aus=sehen (a, e, ie), 20, 33.
aus=spannen, 64, 113.
außer, 11, 18.
außerdem, 3, 3.
außerhalb, 7, 10.
außerordentlich, 33, 53.
aus=stellen, 44, 75.
Australien(das), (s), 3, 3.
auswendig, 3, 3.
aus=werfen (a, o, i), 89, 166.
aus=wittern, 30, 47.
Automobil(das),(s,-e),5,6.
Autor (der), (s, en), 3, 3.
Axt (die), (-,"e), 23, 38.
Axtschlag (der), (s, "e), 23, 37.

B

Bach (der), (s, "e), 14, 23.
Bächlein(das), (s,-), 55,97.
backen (u, a), 43, 73.
Bäcker (der), (s, -), 43, 73.
Backstein(der),(s,e),60,105.
baden, 96, 180.
Bahn (die), (-, en), 58, 100.
Bahnhof (der), (s, "e), 9, 13.
Bahnsteig (der), (s, e), 9,13.
Bahnwärter (der), (s, -), 58, 100.
Bajonett (das), (s, e), 50,88.
bald, 2, 2.
balde (bald), 24, 40.
Balken (der), (s, -), 72, 133.
Balkon (der), (s, s), 5, 6.
Ball (der), (s, "e), 34, 53.
ballen, 78, 148.
Ballet (das), (s, s), 38, 62.
Ballon (der), (s, s), 45, 76.
bange, 47, 81.
Bangen (das), 63, 111.
Bank (die), (-, "e), 11, 17.
Bär (der), (en, en), 28, 62.
Barmherzigkeit (die), (-), 58, 100.
Bart (der), (es, "e), 12, 21.
Bauch (der), (s,"e), 77,144.
bauen, 6, 8.
Bauer (der), (n, n), 14, 23.
Bauerngutsbesitzer (der), (s, -), 14, 23.

Bäuerin (die), (-, nen), 15, 24.
Bauernbub (der), (en, en), 9, 14.
Bauernfrau (die), (-, en), 78, 148.
Bauernhaus (das), (es,"er), 14, 23.
Bauernhof (der), (s, "e), 15, 24.
Baum (der), (s, "e), 5, 6.
baumeln, 75, 143.
bäumen, 73, 137.
Baumschere (die), (-, n), 60, 105.
Baumstamm (der), (s, "e), 75, 143.
Bauplan (der), (s, "e), 6, 8.
Bauunternehmer (der), (s, -), 6, 8.
Bayern (das), (s), 8, 11.
Bazar (der), (s, s), 45, 76.
Beamte (der), (n, n), 9, 13.
bearbeiten, 18, 30.
beaufsichtigen, 9, 13.
beben, 81, 151.
bedächtig, 85, 158.
bedanken, 78, 148.
bedecken, 26, 41.
bedenklich, 2, 2.
bedeutend, 98, 185.
bedienen, 43, 73.
beeilen, 84, 155.
Beet (das), (es, e), 60, 105.
befallen (ie, a, ä), 31, 49.
Befehl (der), (s, e), 46, 79.
befehlen (a, o, ie), 4, 5.
befehligen, 50, 88.
befestigen, 7, 10.
befinden (sich), (a, u), 3, 4.
befördern, 36, 59.
Beförderung (die), (-, en), 9, 13.
Beförderungsmittel (das), (s, -), 9, 13.
begeben (sich) (a, e, i), 9, 13.
begießen (o, o), 60, 105.
beginnen (a, o), 2, 1.
Begleiter (der),(s,-),20,33.
begrenzen, 98, 185.
Begriff (der), (s, e), 98,184.
behaglich, 80, 150.
behalten (ie, a, ä), 5, 7.
behutsam, 58, 101.
bei, 3, 4.
beide, 14, 23.
beim (bei dem), 12, 21.
Bein (das), (s, e), 65, 115.
Beinchen (das), (s, -), 59, 103.
beisammen, 41, 68.
Beispiel (das), (s, e), 68, 123.
beißen (i, i), 68, 123.
beiwohnen, 33, 53.
Bekanntschaft (die), (-, en), 2, 1.
beklagenswert, 50, 89.
bekleben, 6, 8.
bekommen (a, o), 10, 15.
beladen (u, a), 5, 6.
beleuchten, 5, 6.
bellen, 30, 47.
bemahlen, 6, 8.
bemerken, 5, 6.
beobachten, 99, 186.
beraten, (ie, a, ä), 46, 70.

bereiten, 70, 128.
bereits, 14, 24.
Berg (der), (es, e), 7, 10.
bergab, 54, 94.
Bergkette (die), (-, n), 91, 172.
Berglieb (das), (s, er), 92, 173.
Bergsteiger (der), (s, -), 93, 175.
Bergstrom (der), (s, "e), 92, 172.
Berlin, 8, 11.
Berliner(der),(s,-),33,53.
Bern, 30, 47.
Beruf (der), (s, e), 37, 60.
beruhigen (sich), 11, 18.
berühmt, 7, 10.
besäen, 15, 24.
beschäftigen, 40, 66.
beschatten, 5, 6.
bescheiden, 88, 163.
bescheinen (ie, ie), 59, 103.
bescheren, 32, 51.
beschlagen (u, a, ä), 44, 75.
beschneiden (schnitt, schnit=ten), 60, 105.
beschreiben (ie, ie), 7, 10.
Beschreibung (die), (-, en), 5, 6.
besehen (a, e, ie), 9, 13.
Besen (der), (s, -), 72, 133.
besinnen (sich) (a, o), 78, 147.
besitzen (besaß, besessen), 7, 10.
besonder, 32, 51.
besonders, 9, 13.
besorgen, 81, 151.
bespannen, 5, 6.
besprechen (a, o, i), 46, 79.
besser, 16, 26.
beständig, 85, 157.
beste (der, die, das), 3, 3.
bestehen (bestand, bestan=den), 65, 115.
bestellen, 15, 24.
bestrafen, 4, 5.
bestreichen (i, i), 76, 144.
bestreuen, 72, 133.
Besuch (der), (s, e), 31, 49.
besuchen, 4, 5.
beten, 52, 92.
betrachten, 92, 172.
betrübt, 71, 131.
Bett (das), (es, en), 96, 182.
betteln, 29, 44.
Bettler (der), (s, -), 29, 44.
Beule (die), (-, n), 75, 143.
Beute (die), (-, n), 94, 177.
bewachen, 68, 123.
bewachsen, 70, 128.
bewahren, 49, 86.
bewalden, 91, 172.
bewegen, 65, 115.
beweglich, 65, 115.
Bewegung (die), (-, en), 68, 123.
bewirten, 30, 47.
bewohnen, 7, 10.
Bewohner(der),(s,-),8,11.
bezahlen, 10, 15.
Bibliothek (die), (-, en), 35, 56.
Bibliothekar (der), (s, e), 35, 56.
biegen (o, o), 65, 115.

Biegung (die), (-, en), 54, 94.
Biegungssilbe (die), (-, n), 82, 153.
Bienchen (das), (s, -), 86, 159.
Biene (die), (-, n), 59, 103.
Bienenkorb (der), (s, "e), 71, 130.
Bienenschwarm (der), (s, "e), 81, 152.
Bienenstock (der), (s, "e), 62, 108.
Bienenvater (der), (s, "), 62, 108.
Bier (das), (s), 43, 73.
Bierbrauer (der), (s,-), 43, 73.
Bierhaus (das), (es, "er), 43, 73.
Bild (das), (es, er), 5, 6.
bilden, 4, 4.
Bilderbuch (das), (s, "er), 32, 51.
Bildhauer (der), (s, -), 39, 64.
Billard (das), (s), 43, 73.
Billet (das), (s, e), 9, 13.
Billetschalter (der), (s, -), 10, 15.
binden (a, u), 17, 28.
Bindfaden (der), (s, "), 45, 76.
Birke (die), (-, n), 23, 37.
Birne (die), (-, n), 17, 28.
bis, 19, 31.
bißchen (das), (s), 26, 41.
bisher, 27, 42.
Bissen (der), (s, -), 21, 35.
bitten (bat, gebeten), 11, 18.
Blasebalg (der), (s, "e), 48, 83.
blasen (ie, a, ä), 26, 41.
Blatt (das), (s, "er), 2, 2.
Blättchen (das), (s, -), 86, 159.
blau, 20, 33.
Blech (das), (s), 44, 75.
bleiben (ie, ie), 2, 1.
Bleistift (der), (s, e), 37, 60.
Blick (der), (es, e), 13, 21.
blicken, 54, 94.
blind, 74, 139.
blinken, 15, 24.
Blitz (der), (es, e), 80, 149.
Blitzableiter (der), (s, -), 80, 149.
blitzen, 80, 149.
blöken, 75, 142.
bloß, 60, 105.
blühen, 59, 103.
Blume (die), (-, n), 26, 41.
Blumenduft (der), (-, "e), 63, 111.
Blumenstrauß (der), (es, "e), 12, 19.
Blumentopf (der), (es, "e), 54, 94.
Blut (das), (es), 56, 98.
Blüte (die), (-, n), 59, 103.
blutig, 89, 167.
Blutspur (die), (-, en), 69, 126.
Bock (der), (es, "e), 5, 6.
Boden (der), (s), 23, 37.
Bogen (der), (s, -), 36, 60.

Böhmerwald (der), (8), 95, 178.
Bohne (die), (-, n), 36, 58.
Boot (das), (es, e), 96, 180.
Bord (der), (es), 96, 181.
böse, 19, 32.
Botanik (die), (-), 3, 3.
Böttcher (der), (8, -), 17, 29.
Branntwein (der), (8), 30, 47.
brauchen, 4, 5.
brauen, 43, 73.
braun, 20, 33.
brausen, 11, 18.
brav, 28, 43.
brechen (a, o, i), 23, 37.
breit, 7, 10.
breiten, 15, 25.
Bremen, 90, 108.
bremsen, 91, 171.
brennen (brannte, ge=brannt), 12, 21.
Breslau, 8, 11.
Brett (das), (8, er), 32, 108.
Brief (der), (8, e), 5, 6.
Briefkasten (der), (8, -), 11, 18.
Briefpapier (das), (8, e), 36, 60.
Briefträger (der), (8, -), 36, 59.
bringen (brachte, gebracht), 15, 25.
Bronze (die), (-), 39, 64.
Brot (das), (es, e), 21, 35.
Brücke (die), (-, n), 7, 10.
brüllen, 70, 128.
brummen, 70, 128.
Brunnen (der), (8, -), 26, 41.
Brünnlein (das), (8, -), 86, 159.
Brust (die), (-, "e), 13, 21.
brüten, 57, 100.
Bube (der), (n, n), 9, 14.
Buchbinder (der), (8, -), 35, 56.
Buchdrucker (der), (8, -), 35, 56.
Buchdruckerei (die), (-, en), 35, 56.
Buchdruckerkunst (die), (-), 35, 56.
Buche (die), (-, n), 23, 37.
Buchhändler (der), (8, -), 35, 56.
Buchhandlung (die), (-, en), 35, 56.
Buchstabe (der), (ns, n), 75, 143.
Bucht (die), (-, e), 98, 185.
bücken, 57, 100.
Bude (die), (-, n), 34, 53.
Bühne (die), (-, n), 38, 62.
bunt, 23, 37.
Burg (die), (-, en), 15, 25.
Bürger (der), (8, -), 46, 78.
Bürgermeister (der), (8, -), 46, 79.
Bursche (der), (n, n), 20, 33.
Bürste (die), (-, n), 72, 133.
Busch (der), (es, "e), 56, 98.
Busen (der), (8, -), 98, 185.
Bütte (die), (-, n), 17, 28.
Butter (die), (-), 69, 127.
Butterbrödchen (das), (8, -), 34, 53.

Butterfaß (das), (es, "er), 70, 127.
buttern, 70, 127.

C

Censor (der), (8, en), 4, 4.
Chemieunterricht (der), (8), 3, 4.
Chor (das), (8, "e), 51, 91.
Christ (der) (= Jesus Christus) (8), 32, 51.
Christbescherung (die), (-), 41, 69.
Christkind (das), (es), 32, 51.
Clown (der), (8, 8), 38, 62.
Coblenz, 90, 168.
Concept (das), (es, e), 36, 60.
Coupé (das), (8, 8), 10, 15.
Coubert (das), (8, 8), 37, 60.

D

da, 4, 5.
dabei, 56. 98.
Dach (das), (8, "er), 6, 8.
Dachdecker (der), (8, -), 6, 8.
Dachfenster (das), (8, -), 64, 113.
Dachrinne (die), (-, n), 6, 8.
dafür, 18, 30.
dagegen, 18, 30.
dahin, 54, 94.
dahinter, 5, 6.
damals, 4, 5.
Dame (die), (-, n), 5, 6.
Damenhut (der), (8, "e), 44, 75.
Damenkleid (das), (8, er), 44. 75.
Damenschneider (der), (8, -), 44. 75.
damit, 40, 66.
Damm (der), (8, "e), 95, 180.
Dampfschiff (das), (es, e), 10, 16.
daneben, 5, 6.
Dank (der), (8), 28, 43.
dankbar, 29, 44.
danken, 4, 5.
dann, 17, 28.
dannen, 85, 158.
Danzig, 90, 168.
dar, 26, 42.
daran, 18, 30.
darauf, 9, 13.
daraus, 83, 154.
darben, 29, 44.
darin, 5, 6.
Darmstadt, 57, 100.
darstellen, 14, 24.
darüber, 78, 147.
darum, 4, 5.
darunter, 16, 27.
daß, 4, 5.
Dativ (der), (8), 33, 52.
Datum (das), (8, en), 36, 60.
Dauer (die), (-), 12, 20.
dauern, 30, 47.

Daune (die), (-, n), 28, 43.
davon, 20, 33.
davor, 9, 13.
dazu, 39, 64.
Decke (die), (-, n), 23, 37.
Deckel (der), (8, -), 81, 152.
decken, 6, 8.
Degen (der), (8, -), 50, 88.
Deichsel (die), (-, n), 72, 134.
Dekorationszeichnen (das), (8), 3, 3.
Delikatessenhändler (der), (8,), 43, 73.
denken (dachte, gedacht), 29, 44.
Denkmal (das), (8, "er), 12, 19.
denn, 5, 6.
dennoch, 90, 169.
Depesche (die), (-, n), 9, 13.
Deputiertenkammer (die), (-, n), 7, 10.
der, die, das, 2, 1.
derb, 40, 66.
derjenige (diejenige, dasjenige), 36, 58.
derselbe, dieselbe, dasselbe, 5, 6.
derweil, 54, 90.
deshalb, 31, 49.
deutlich, 83, 154.
deutsch, 3, 3.
Deutsche (der), (n, n), 8, 11.
Deutschland (das), (8), 4, 4.
Dezember (der), (8), 26, 41.
dicht, 23, 37.
dichtbelaubt, 78, 147.
Dichter (der), (8, -), 34, 53.
dick, 11, 18.
Dieb (der), (es, e), 48, 84.
dienen, 9, 13.
Diener (der), (8, -), 4, 4.
Dienerschaft (die), (-), 4, 4.
Dienst (der), (es, e), 72, 132.
dienstfertig, 11, 18.
dieser, e, es, 7, 9.
diesmal, 16, 27.
diesseits, 89, 165.
Ding (das), (8, e), 31, 50.
direkt, 26, 42.
Direktor (der), (8, en), 4, 4.
dirigieren, 38, 62.
Disciplin (die), (-), 50, 88.
doch, 13, 21.
Dom (der), (es, e), 7, 10.
Domino (das), 32. 51.
Donau (die), (-), 90. 168.
Donner (der), (8), 81, 151.
donnern, 80, 149.
Donnerstag (der), (8, e), 36, 58.
doppelt, 32, 51.
Dorf (das), (es, "er), 14, 23.
Dorfbewohner (der), (8, -), 84, 155.
Dörfchen (das), (8, -), 77, 146.
Dorfhaus (das), (es, "er), 84, 155.
Dorfstraße (die), (-, n), 40, 66.
Draht (der), (es, "e), 62, 108.
Drama (das), (8, en), 38, 62.
draußen, 41, 68.
Drechsler (der), (8, -), 44, 75.
drehen, 17, 28.
drei, 24, 39.

Dreikönigstag (der), (8), 36, 58.
dreschen (o, o, i), 40, 66.
Dreschflegel (der), (8, -), 40, 67.
Drescher (der), (8, -), 40, 66.
Dreschmaschine (die), (-, n), 15, 24.
Dresden, 8, 11.
drin (darin), 28, 43.
dringen (a, u), 80, 150.
dritte (der, die, das), 9, 13.
droben, 28, 43.
drohen, 76, 144.
drollig, 73, 136.
Droschke (die), (-, n), 5, 6.
Drossel (die), (-, n), 57, 99.
drüben, 100, 187.
drucken, 35, 56.
Drucksache (die), (-, n), 36, 59.
drum (darum), 6, 9.
Duft (der), (es, "e), 19, 31.
duften, 52, 93.
dulden, 75, 142.
dumm ("), 84, 152.
Dummheit (die), (-, en), 4, 5.
dumpf, 84, 151.
Düne (die), (-, n), 98, 185.
Dünger (der), (8, -), 60, 105.
dunkel, 84, 151.
dunkelgrün, 87, 161.
durch, 8, 12.
durchfließen (o, o), 90. 108.
durch=lesen (a, e, ie), 37, 60.
durchstreifen, 20, 33.
dürfen (durfte, gedurft, ich darf), 11, 18.
dürr, 23, 37.
durftig, 89, 165.

E

Ebbe (die), (-, n), 96, 180.
eben, 22, 36.
Ebene (die), (-, n), 14, 24.
ebenfalls, 9, 13.
ebenso, 23, 37.
ebnen, 60, 146.
Echo (das), (8), 94, 176.
Ecke (die), (-, n), 32, 51.
Edelstein (der), (8, e), 44, 75.
Egge (die), (-, n), 15, 24.
eggen, 15, 24.
ehe, 63, 111.
ehrlich, 24, 39.
Ehrlichkeit (die), (-), 24, 39.
ei, 15, 25.
Ei (das), (es, er), 56, 98.
Eiche (die), (-, n), 23, 37.
Eierchen (die), (pl.), 57, 100.
Eierkuchen (der), (8, -), 65, 115.
Eiffelturm (der), (8), 7, 10.
eifrig, 41, 69.
eigen, 8, 12.
Eigenschaft (-, en), 68, 123.
eigentlich, 26, 42.
Eigentümer (der), (8, -), 84, 155.
eilen, 15, 25.
Eimer (der) (8, -), 54, 94.
ein, 26, 42.
einander, 9, 13.

Einband (der), (s, "e), 34, 55.
ein=binden (a, u), 35,56.
ein=eggen, 15, 24.
einfach, 9, 13.
ein=fahren (u,,a, ä), 9, 14.
ein=fassen, 91, 170.
Einfassung (die), (-), 64.113
ein=finden (a, u), 33, 53.
Eingang (der), (s, "e), 5. 6.
Eingangstor (das), (es, e), 9, 13,
ein=gehen (ging, gegangen), 16, 27.
einige, 2, 1.
einiges, 7, 10.
ein=kassieren, 4, 4.
Einkauf (der), (s,"e), 78,147.
ein=kehren, 80,150.
ein=laden (u, a), 36, 58.
ein=lassen (ie, a, ä), 29, 45.
einmal, 10, 16.
ein=marschieren, 57, 99.
ein=münden, 90, 168.
ein=nehmen (nahm, genommen, du nimmst), 31, 49.
ein=ölen, 91, 171.
ein=rahmen, 87, 161.
ein=richten, 4, 5.
einsam, 91, 170.
ein=schiffen (sich), 96, 181.
Einschiffungsplatz (der), (s, "e), 96, 181.
ein=schlafen (ie, a, ä), 75, 143.
ein=schlagen (u, a, ä), 80, 149.
ein=schließen (o, o), 7, 10.
ein=schreiben (ie, ie), 36,59.
ein=setzen, 6, 8.
ein=sinken (a, u), 29, 44.
ein=sperren, 38, 62.
ein=stimmen, 55, 97.
Eintracht (die), (-), 6, 8.
ein=treten (a, e, i), 26, 41.
Einwohner (der),(s,-),7,10.
einzeln, 30, 48.
ein=ziehen (zog, gezogen), 66, 119.
einzig, 2, 2.
Eis (das), (es), 8, 12.
Eisbahn (die), (-, en), 34, 53.
Eisen (das), (s), 73, 137.
Eisenbahn (die), (-, en), 9, 14.
Eisenbahnschiene (die), (-, n), 57, 100.
Eisendraht (der), (s, "e), 9, 13.
Eisenware (die), (-, n), 44, 75.
eisern, 24, 39.
Eisfest (das), (es, e), 33, 53.
Eiszapfen (der), (-, n), 26, 41.
eitel, 88, 163.
Elbe (die), 90, 168.
elektrisch, 9, 13.
Element (das), (s, e), 3, 3.
Elsaß (das), (es), 15, 25.
Eltern (die), (-), 2, 1.
empor, 24. 39.
empor=ragen, 14, 23.
empor=rauschen, 26, 42.
empor=steigen (ie, ie), 91, 170.
emsig, 80, 149.

Ende (das), (s, n), 2, 1.
endlich, 32, 51.
eng, 13, 21.
Engel (der), (s, -), 13, 22.
Engelein (das), (s, -),13,22.
England (das), (s), 3, 3.
englisch, 3, 3.
entblättern, 14, 24.
entblößen, 94,176.
Entchen (das), (s, -), 64, 113.
entdecken, 68, 124.
Ente (die), (-, n), 64, 113.
entfernen, 10. 16.
entfernt, 36. 59.
entgegen, 26, 42.
entgegen=kommen (kam, gekommen), 81, 152.
entgegnen, 74, 139.
enthalten (ie, a, ä), 16, 27.
entlaubt, 26, 41.
entlaufen (ie, au, äu), 67, 121.
entspringen (a, u), 7, 10.
entstehen (stand, entstanden), 31, 49.
entwurzeln, 81, 151.
entzwei, 23, 38.
Epheuranke (die), (-, n), 54, 94.
epidemisch, 31, 49.
erblicken, 9, 13.
Erdarbeiter (der),(s,-), 6.8.
Erdbeere (die), (-, n), 80, 149.
Erde (die), (-, n), 13, 21.
Erdkunde (die), (-), 3, 3.
Erdscholle (die), (-, n), 77, 146.
erfassen, 13, 22.
erfinden (a, u), 35, 56.
Erfindung (die), (-, en), 80, 149.
erfreuen (sich), 24, 39.
erfrieren (o, o), 29, 45.
erfrischen, 5, 6.
Ergänzung (die), (-, en), 26, 42.
ergebenst, 36, 60.
ergießen (o, o), 90, 168.
ergreifen (i, i), 69, 126.
erhalten (ie, a, ä), 67, 121.
erheben (o, o), 5, 6.
erheben (sich), 17, 28.
erhellen, 64, 113.
erkälten (sich), 31, 49.
erkennen (erkannte, erkannt), 12, 21.
erklären, 3, 3.
erklettern, 93, 175.
erklingen (a, u), 23. 27.
erkundigen (sich), 4, 5.
erlauben, 32. 51.
Erlaubnis (die), (-), 23, 37.
erlegen, 20. 33.
erleiden (erlitt, erlitten), 96, 180.
erleuchten, 98, 184.
ermorden, 48, 84.
ermüden, 30, 47.
Ernte (die, (-, n), 16, 27.
ernten, 80, 149.
Erntewagen (der), (s,-),87, 161.
ernst, 12, 19.
Eroberung (die), (-,en),3,3.
erquicken, 5, 6.

erraten (ie, a, ä), 83, 154.
erreichen, 91, 171.
ersaufen (ersoff, ersoffen), 77, 144.
erschaffen (u, a), 99, 186.
erschallen (o, o), 94, 176.
erscheinen (ie, ie), 11, 18.
erschrecken (a, o, i), 49, 86.
ersparen, 31, 50.
erst, 31, 50.
erstaunen, 74, 139.
erste (der, die, das), 9, 13.
erstrecken (sich), 17, 28.
ertappen, 74, 139.
ertönen, 23, 37.
ertrinken (a, u), 96, 182.
erwachen, 65, 116.
erwecken, 19, 31.
erwerben (a, o, i), 12, 21.
erwidern, 22, 36.
erzählen, 22, 36.
erzeugen, 31, 49.
Erzgebirge (das)(s),95,178.
Esel (der), (s, -), 73, 137.
essen (aß, gegessen, i), 13, 22.
Essen (das)(s), 43, 73.
Eßware (die), (-, n), 43, 73.
etwas, 5, 6.
Euter (das), (-), 69, 127.
ewig, 30, 47.
exerzieren, 50, 88.
Extraneer (der), (s, -), 10, 16.

F

Fabrik (die), (-, en), 44, 75.
Façade (die), (-, n), 3, 4.
Fahne (die), (-, n), 50, 88.
Fähnrich (der), (s, e), 50,88.
fahren (u, a ,ä), 5, 6.
Fahrgeld (das), (es), 11, 17.
Fahrgeleise (das), (s, -), 57, 100.
Fahrkarte (die), (-, n), 9,13.
Fahrplan (der), (s,"e), 9,13.
Fahrrad (das), (s, "er), 94, 171.
Fahrt (die), (-, n), 91, 171.
fassen (ie, a, ä), 5, 7.
fällen, 23, 37.
Familie (die), (-, n), 12, 19.
fangen (i, a, ä), 63, 111.
Farbe (die), (-, n), 23, 37.
färben, 2, 2.
Farbenbrett (das), (s, er), 39, 64.
fassen, 17, 28.
fast, 2, 1.
Faß (das), (sses, "sser), 17, 28.
faul, 45, 77.
Faust (die), (-, "e), 78, 148.
Feder (die), (-, n), 28, 43.
fehl, 63, 110.
fehlen, 4, 5.
feierlich, 94, 176.
feiern, 36, 58.
feil, 78, 147.
fein, 4, 5.
Feind (der), (s, e), 50, 88.
Feld (das), (es, er), 2, 2.

Feldarbeit (die), (-, en), 14, 23.
Feldblume (die), (-, n), 87, 161.
Feldschütz (der), (en, en), 77, 146.
Feldwebel (der), (s, -), 50, 88.
Feldweg (der), (s, e), 17, 28.
Fell (das), (es, e), 70, 128.
Fels (der), (sens, sen), 91, 172.
Felsblock (der), (es, "e), 92, 172.
Felsenklippe (die), (-, n), 96, 180.
Felsenschlucht (die), (-, en), 16, 27.
Felsental (der), (s, "er), 30, 47.
Felsenwand (die), (-, "e), 95, 180.
Fenster (das), (s, -), 6, 8.
Fensterrahmen (der), (s,-), 6. 8.
Fenstervorhang (der), (s, "e), 47, 81.
Ferien (die), (pl.), 36, 58.
fern, 36, 59.
Ferne (die), (-), 55, 97.
Fernglas (das), (es, "er), 99, 186.
Fernrohr (das), (s, "e), 92, 172.
fertig, 2, 2.
fest, 92, 172.
Fest (das), (es, e), 36, 58.
Festessen (das), (s,-), 36,58.
Festgeschmeide (das), (s), 52, 93.
Festtag (der), (s, e), 52, 91.
Festung (die), (-, en), 7, 10.
fett, 70, 128.
Feuchtigkeit (die), (-),31,49.
Feuer (das), (s, -), 15, 24.
Feuerherd (der), (s, e), 42, 70.
feurig, 16, 27.
Feuersbrunst (die), (-, "e), 46, 79.
Feuerwehr (die), (-), 46, 79.
Feuerwehrmann (der), (s, -leute), 46, 79.
Feuerzange (die), (-, n), 48, 83.
Fichtelgebirge (das), (s),95, 178.
Fieber (das), (s), 31, 49.
Fiedelbogen (der), (s, -), 66, 118.
Filzhut (der), (es,"e),20,33.
finden (a, u), 4, 5.
Finger (der), (s, -), 43, 74.
Fink (der), (en, en), 57, 99.
Finsternis (die,, (-, sse), 66, 119.
Fisch (der), (s, e), 89, 165.
Fischeimer (der), (s, -), 89, 166.
fischen, 98, 184.
Fischer (der), (s, -), 89, 165.
Fischfang (der), (s), 89,165.
Fischlein (das), (s, -), 89, 167.
Fixstern (der), (s,e), 99,186.
flach, 95, 180.

Flagge (die), (-, n), 96, 180.
Flamme (die), (-, n), 47, 81.
Flanelljacke (die), (-, n), 44, 75.
Fläschchen (das), (ß, -), 30, 47.
Flasche (die), (-, n), 5, 6.
flattern, 78, 147.
Flaum (der), (es), 24, 40.
Flegel (der), (ß, -), 40, 66.
Fleisch (das), (es), 43, 73.
Fleischer (der), (ß, -), 71, 131.
Fleiß (der), (es), 6, 9.
fleißig, 2, 1.
fliegen, (o, o), 15, 24.
fliehen (o, o), 94, 177.
fließen (o, o), 7, 10.
flink, 57, 99.
Flinte (die), (-, n), 20, 33.
Flocke (die), (-, n), 28, 43.
Flöte (die), (-, n), 38, 62.
Flug (der), (ß), 22. 35.
Flügel (der), (ß, -), 54, 94.
Flur (die), (-, en), 52, 93.
Flurschütz (der), (en, en), 77, 146.
Fluß (der), (es, ¨e), 24, 39.
flüstern, 32, 51.
Flut (die), (-, en), 96, 180.
folgen, 58, 100.
folgsam, 4, 5.
Form (die), (-, en), 26, 42.
formen, 70, 129.
Forst (der), (es, e), 21, 35.
Förster (der), (ß, -), 23, 37.
fort, 11, 18.
fort=bewegen, 96, 180.
fort=fahren (u, a, ä), 4, 5.
fort=fliegen (o, o), 27, 42.
fort=gehen (ging, gegan=gen), 83, 154.
fort=laufen (ie, au, äu), 47, 81.
fort=ziehen (o, o), 26, 41.
Frage (die), (-, n), 27, 42.
Frage=Adverb (das), (ß, ien), 37, 60.
fragen, 2, 2.
Fragewort (das), (es, ¨er), 33, 52.
Fragesatz (der), (es, ¨e), 30, 48.
frank, 73, 138.
Frank (der), 3, 3.
Frankfurt am Main, 8, 11.
Franklin, 80, 149.
Frankreich (das), (ß), 3, 3.
Franzose (der), (n, n), 8, 11.
französisch, 3, 3.
Französin (die), (-, nen), 8, 11.
Frau (die), (-, en), 9, 13.
frei, 8, 11.
freilich, 83, 154.
fremd, 3, 3.
Fremde (der), (n, n), 12, 21.
fressen (a, e, i), 20, 33.
Freude (die), (-, n), 2, 1.
freudig, 41, 69.
freuen (sich), 4, 5.
Freund (der), (es, e), 34, 53.
freundlich, 58, 101.
Frieden (der), (ß), 94, 176.
Friedhof (der), (ß, ¨e), 12, 19.
Friedhofsbesuch (der), (ß, -e), 12, 21.

frieren (o, o), 26, 41.
frisch, 76, 144.
Friseur (der), (ß, ß), 44, 75.
Fritz, 32, 51.
froh, 16, 26.
fröhlich, 17, 28.
Fröhlichkeit (die), (-), 42, 71.
fromm (¨), 7, 9.
Frömmigkeit (die), (-), 6, 9.
Frosch (der), (es, ¨e), 89, 165.
Frost (der), (es, ¨e), 41, 69.
frostig, 15, 24.
Frucht (die), (-, ¨e), 16, 27.
fruchtbar, 95, 178.
früh, 2, 1.
Frühbeet (das), (ß, e), 60, 105.
Frühe (die), (-), 65, 115.
Frühgeläute (das), (ß), 52, 93.
Frühling (der), (ß), 23, 37.
Frühlingssonne (die), (-), 67, 121.
Frühlingstag (der), (ß, e), 54, 94.
Fuchs (der), (es, ¨e), 20, 33.
fühlen, 12, 19.
führen, 4, 4.
Fuhrmann (der), (ß, -leute), 80, 150.
füllen, 17, 28.
Füllen (das), (ß, -), 72, 134.
Fünkchen (das), (ß, -), 47, 81.
funkeln, 18, 31.
Furche (die), (-, n), 15, 24.
Furcht (die), (-), 49, 86.
fürchten, 96, 182.
fürchterlich, 47, 81.
furchtsam, 75, 142.
Fuß (der), (es, ¨e), 10, 16.
Fußsoldat (der), (en, en), 50, 88.
Futter (das), (ß), 29, 45.
füttern, 64, 113.

G

Gabel (die), (-, n), 72, 134.
gackern, 65, 115.
Gallerie (die), (-, n), 39, 64.
Gallien, 3, 3.
Galopp (der), (ß), 73, 137.
Gamasche (die), (-, n), 20, 33.
Gang (der), (ß, ¨e), 3, 4.
Gans (die), (-, ¨e), 64, 113.
ganz, 4, 5.
gar, 4, 5.
Garbe (die), (-, n), 40, 66.
Garbenhaufen (der), (ß, -), 87, 161.
Garn (das), (ß), 75, 142.
Garten (der), (ß, ¨), 14, 23.
Gartenhäuschen (das), (ß, -), 60, 105.
Gartenmauer (die), (-, n), 49, 86.
Gartenmesser (das), (ß, -), 60, 105.
Gartenzaun (der), (ß, ¨e), 75, 143.
Gärtner (der), (ß, -), 60, 105.
Gasbrenner (der), (ß, -), 5, 6.

Gaslaterne (die), (-, n), 41, 70.
Gast (der), (es, ¨e), 5, 6.
Gasthaus (das), (es, ¨er), 43, 73.
Gasthof (der), (ß, ¨e), 43, 73.
Gattung (die), (-, en), 65, 115.
Gaul (der), (ß, ¨e), 73, 137.
Gebäude (das), (ß, -), 5, 6.
Gebell (das), (ß), 23, 37.
geben (a, e, i), 3, 4.
gebieten, (o, o), 93, 174.
Gebirge (das), (ß), 91, 170.
Gebrumm (das), (ß), 81, 152.
Geburt (die), (-), 46, 79.
Gebüsch (das), (es, e), 20, 33.
gedeihen (ie, ie), 6, 9.
Gedicht (das), (ß, e), 2, 2.
Gedichtsammlung (die), (-, en), 34, 55.
geduldig, 75, 142.
gefährlich, 30, 47.
gefallen (ie, a, ä), 16, 27.
Gefängnis (das), (ffes, ffe), 46, 78.
Gefieder (das), (ß), 65, 115.
Geflügel (das), (ß), 64, 113.
gegen, 23, 37.
Gegend (die), (-, en), 17, 28.
Gegenstand (der), (es, ¨e), 44, 75.
gegenüber, 48, 84.
gehen (ging, gegangen), 2, 1.
gehorchen, 50, 88.
gehören, 16, 27.
Geige (die), (-, n), 38, 62.
Geiß (die), (-, en), 74, 141.
Geißlein (das), (ß, -), 74, 141.
Geist (der), (es, er), 6, 9.
Geländer (das), (ß), 45, 76.
Geläute (das), (ß), 12, 19.
gelb, 14, 24.
Gelb (das), (es, er), 16, 26.
Geldstrafe (die), (-, n), 48, 84.
Gelegenheit (die), (-, en), 36, 58.
gelehrig, 68, 123.
Geldsack (der), (ß, ¨e), 69, 126.
gelind, 26, 41.
gelten (a, o, i), 51, 90.
Gemälde (das), (ß, -), 39, 64.
Gemeinde (die), (-, n), 46, 78.
gemeinschaftlich, 32, 51.
Gemse (die), (-, n), 94, 175.
Gemüse (das), (ß, -), 15, 24.
Gemüsehändlerin (die), (-, nen), 78, 147.
Gendarm (der), (ß, en), 48, 84.
General (der), (ß, ¨e), 50, 88.
Genitiv (der), (ß), 33, 52.
genug, 29, 44.
Geographie (die), (-), 3, 3.
Gepäckkarren (der), (ß, -), 9, 13.
Gepäcksaal (der), (ß, ¨e), 9, 13.
Gepäckstück (das), (es, e), 9, 13.
Gepäckträger (der), (ß, -), 9, 13.

gerade, 83, 154.
Gerät (das), (es, e), 42, 72.
geräumig, 40, 66.
Geräusch (das), (es), 73, 137.
gerben, 44, 75.
Gerber (der), (ß, -), 44, 75.
Gericht (das), (es, e), 48, 84.
gering, 4, 5.
gern, 32, 51.
Gerste (die), (-), 77, 146.
Gerte (die), (-, n), 89, 165.
Gerüst (das), (es, e), 6, 8.
geschehen (a, e, ie), 96, 180.
Geschäftsreisende (der), (n, n), 9, 14.
Geschenk (das), (ß, e), 32, 51.
Geschichte (die), (-, n), 3, 3.
geschickt, 4, 5.
Geschirr (das), (ß, e), 44, 75.
Geschöpf (das), (ß, e), 15, 25.
geschwind, 56, 98.
Geschwister (die), (pl.), 37, 60.
Gesell (der), (en, en), 44, 75.
Gesellschaft (die), (-, en), 19, 32.
Gesetz (das), (es, e), 48, 84.
Gesicht (das), (ß, er), 2, 1.
Gespenst (das), (es, er), 49, 86.
Gespiele (der), (n, n), 13, 22.
Gestalt (die), (-, en), 99, 186.
gestern, 10, 16.
gestorben, 13, 22.
Gesträuch (das), (ß), 21, 40.
gesund, 16, 26.
Gesundheit (die), (-), 6, 9.
Getränk (das), (ß, e), 5, 6.
Getreide (das), (ß), 80, 149.
gewähren, 30- 47.
gewaltig, 18, 31.
Gewehr (das), (es, e), 50, 86.
Gewerbe (das), (es, e), 35, 56.
Gewicht (das), (ß, e), 3, 3.
gewinnen (a, o), 96, 181.
Gewissen (das), (ß), 8, 12.
gewiß, 39, 64.
Gewitter (das), (ß, -), 80, 149.
gewogen, 78, 147.
gewöhnlich, 30, 47.
gewölbt, 17, 28.
Gewölf (das), (ß), 81, 151.
gewunden, 74, 141.
Gießerei (die), (-, en), 44, 75.
gießen (o, o), 6, 9.
Gießkanne (die), (-, n), 60, 105.
Gipfel (der), (ß, -), 14, 23.
glänzen, 28, 43.
Glas (das), (es, ¨er), 5, 6.
Glaser (der), (ß, -), 6, 8.
gläsern, 60, 105.
Glashaus (das), (es, ¨er), 60, 105.
glatt (¨), 66, 119.
glauben, 4, 5.
Gläubige (der), (n, n), 52, 91.
gleich, 11, 18.
gleichfalls, 9, 182.
gleiten (glitt, geglitten), 24, 39.
Gletscher (der), (ß, -), 93, 175.

Glied (das), (es, er), 24,40.
Glöckchen (das), (s, -), 69, 127.
Glocke (die), (-, n), 12, 19.
glücklich, 32, 51.
glühen, 80, 150.
Glühlampe (die), (-, n), 41, 70.
Gold (das),(es), 3, 3.
golden, 18, 31.
Goldgrube (die), (-, n), 18, 30.
Goldkäfer (der), (s, -), 86, 159.
Goldschnitt (der), (es, e), 34, 55.
gotisch, 7, 10.
Gott (der), (es, "er), 7, 9.
Gottesdienst (der), (es, e), 14, 23.
Gotteserde (die), (-), 13, 22.
Gotteswillen (um), 22, 36.
Grab (das), (s, "er), 12,19.
graben (u, a, ä), 6, 8.
Graben (der), (s, "), 7, 10.
Grabesruhe (die),(-), 13,22.
Grabhügel (der),(s, -), 12, 19.
Grad (der), (es, e), 33, 53.
Grammatik (die), (-, en), 3, 3.
Gras (das), (es, "er), 56, 98.
Grasmäher (der), (s,-),84, 155.
Grasplatz (der), (es, "e), 60, 105.
Grasprinzessin (die), (-, nen), 85, 159.
gräßlich, 49, 86.
gratulieren, 36, 58.
grau, 41, 69.
greifen, (i, i), 81, 152.
greis, 12, 21.
Greis (der), (es, e), 24, 39.
grenzen, 98, 185.
Grieche (der), (n, n), 3, 3.
griechisch, 4, 4.
Grippe (die), (-, n), 31, 49.
groß (", 4, 5.
Großmütterchen (das), (s, -), 28, 43.
Großvater (der), (s,"), 96, 182.
grün, 18, 31.
Grün (das), (s), 54, 94.
Grund ((der), (es, "e), 6, 8.
gründen, 36, 58.
Gruß (der), (es, "e), 34, 53.
grüßen, 36, 58.
Gummischlauch (der),(s,"e), 91, 171.
Gurke (die), (-, n), 80, 149.
Gürtel (der), (s,-), 20, 33.
gut (besser), 6, 9.
Gut (das), (es, "er, 16, 26.
Gutenberg, 35, 56.
Gymnasiast (der), (en, en), 11, 18.
Gymnasium (das), (s, ien), 2, 1.

H

Haar (das), (s, e), 44, 75.
Haarbüschel (das), (s, -), 70, 128.

haben (hatte, gehabt), 2, 2.
Hackbeil (das), (s,e),78,147.
Hacke (die), (-, n), 77, 146.
Hafen (der), (s, "), 8, 11.
Hafendamm (der), (s, "e), 96, 180.
Hafenstadt(die),(-,"e),7,10.
Hafer (der), (s), 77, 146.
hager, 29, 44.
Hahn (der), (s, "e), 64, 113.
halb, 7, 10.
Hälfte (die), (-, n), 16, 27.
Halle (die), (-, n), 9, 13.
Halm (der), (s, e), 87, 161.
Hals (der), (es, "e), 30, 47.
Halsband (das), (es, "er), 69, 127.
Halsschmerz (der), (es, en), 31, 49.
Haltestelle (die), (-, n), 11, 17.
halten (ie, a, ä), 2, 2.
Hamburg, 8, 11.
Hammelbraten(der), (s,-), 75, 142.
Hammelkeule (die), (-, n), 75, 142.
Hand (die), (-, "e), 5, 6.
Handel (der), (s), 16, 27.
Handgepäck(das),(s),9,13.
Handkoffer (der), (s,-),9,13.
Handschuh (der), (s, e), 62, 108.
hangen (i, a, ä), 9, 13.
handhaben, 50, 86.
Handschuh (der), (s, e), 45, 76.
Handvoll (die), (-), 16, 26.
Handwerk (das), (s, e), 43, 73.
Handwerker (der), (s, ..), 6, 8.
Hans, 8, 12.
Hänschen, 8, 12.
Harnisch (der), (s, e),50,88.
hart ("), 26, 41.
Harz (der), 95, 178.
Hase (der), (n, n), 17, 28.
Hauch (der), (es, e), 52, 93.
hauen (hieb, gehauen), 23, 38.
Haufen (der), (s,-), 16, 27.
Haupt(das), (s, "er), 13,21
Hauptallee (die), (-, n), 60, 105.
Hauptmann (der), (s, -leute), 50, 88.
Hauptsache (die), (-, n), 11, 18.
hauptsächlich, 3, 3.
Hauptsatz (der), (es, "e), 26, 42.
Hauptstadt(die),(-,"e),7,10.
Hauptstrom (der), (s, "e), 90, 168.
Haupttor (das), (es,e), 3, 4.
Haus (das), (es, "er), 5, 6.
Hausbewohner (der), (s,-), 65, 115.
Hausfrau (die), (-, en), 65, 116.
Hausgerät (das), (es, e), 44, 75.
Haushahn (der), (s,"e), 65, 116.
Haustier (das), (es, e), 64, 113.

Haustür(die), (-,en),54.94.
Haut (die), (-, "e), 70, 128.
heben (o, o), 52, 93.
Heft (das), (es, e), 37, 61.
heftig, 73, 136.
hegen, 24, 35.
Heide (die), (-, n), 21, 35.
Heil (das), (es), 6, 9.
heilen, 31, 49.
heilig, 30, 47.
Heimatsort (der), (es, e), 7, 10.
heim=bringen (brachte, gebracht), 81, 152.
heim=kehren, 19, 31.
heimlich, 68, 124.
Heinrich, 33, 53.
heiß, 80, 149.
heißen (hieß, geheißen), 3,3.
heiter, 92, 173.
helfen (a, o, i), 12, 21.
hell, 26, 41.
hellerleuchtet, 82, 51.
Hemd (das), (es, en), 44,75.
Hemdärmel (der), (s, -), 84, 155.
Hengst (der), (es, e), 73,137.
Henne (die), (-, n), 65, 115.
her, 5, 6.
herab=brausen, 81, 151.
herab=bringen (brachte, gebracht), 92, 172.
herab=fallen (ie, a, ä), 69, 126.
herab=fliegen (o, o), 41, 69.
herab=holen, 40, 67.
herab=kommen (kam, gekommen), 15, 25.
herab=sehen (a, e,ie),92,173.
herab=springen (a, u), 66, 119.
heran, 84, 155.
heran=kommen (a, o), 57, 100.
heran=schwimmen (a, o), 93, 174.
herauf, 26, 42.
herauf=gehen (ging, gegangen), 45, 76.
herauf=steigen (ie, ie),18,31.
heraus, 27, 42.
heraus=brechen (o, o, i), 40, 68.
heraus=gehen (ging, gegangen), 7, 10.
heraus=kommen (a, o), 29, 44.
heraus=nehmen (nahm, genommen, du nimmst), 15, 24.
heraus=schauen, 17, 28.
heraus=schlüpfen, 69, 125.
heraus=treten (a, e, i), 94, 175.
herbei, 46, 79.
herbei=fliegen (o, o), 54, 94.
herbei=holen, 40, 66.
herbei=laufen (ie, au, äu), 64, 113.
herbei=locken, 72, 132.
Herbst (der), (es, e), 2, 2.
Herd (der), (es, e), 48, 83.
Herde (die), (-, n), 14, 23.
her=drehen, 43, 74.
her=geben (a, e, i), 78, 148.
her=sagen, 42, 72.
her=stellen, 44, 75.

herein=fahren (u, a, ä), 96, 180.
herein=gehen (ging, gegangen), 7, 10.
herein=kommen (a, o), 6, 9.
herein=schleichen (i, i),32,51.
herfür, 7, 9.
her=kommen (a, o), 28, 43.
Herr (der), (n, n), 5, 6.
Herrenschneider (der), (s, -), 44, 75.
herrlich, 44, 69.
Herrlichkeit (die), (-, en), 99, 186.
herrschen, 18, 31.
herum=hängen, 62, 108.
herum=laufen (ie, au, äu), 45, 77.
herum=schwärmen, 62, 108.
herum=springen (a, u), 15, 25.
herunter=fallen (ie, a, ä), 80, 149.
herunter=gehen (ging, gegangen), 45, 76.
herunter=gleiten (i, i), 92, 172.
herunter=reiten (i, i), 92, 172.
hervor, 24, 39.
hervor=bringen (brachte, gebracht), 16, 27.
hervor=quellen (o, o, i), 93, 175.
hervorragen, 85, 159.
Herz (das), (ens, en), 12, 19.
herzlich, 34, 53.
herzu, 15, 25.
hetzen, 68, 123.
Heu (das), (s), 70, 128.
Heuernte (die), (-), 80, 149.
Heugabel (die), (-, n), 84, 155.
Heuhaufen (der), (s, -), 84, 155.
heulen, 68, 123.
Heurechen (der), (s, -), 84, 155.
Heuschrecke (die), (-,n), 89, 166.
heute, 10, 16.
Heuwagen (der), (s, -), 84, 155.
hie, 5, 6.
Hieb (der), (es, e), 24, 39.
hier, 6, 9.
hierauf, 4, 5.
Hilfe (die), (-), 5, 6.
Hilfsverb (das), (s, en), 49, 87.
Himmel (der), (s,-), 13, 22.
himmelblau, 24, 39.
Himmelsfenster(das),(s,-), 28, 43.
Himmelsfrieden (der), (s), 13, 22.
Himmelskörper (der), (s, -), 99, 186.
Himmelsschlüsselein (das), (s, -), 59, 103.
Himmelszelt (das), (es, e) 6, 9.
hinab, 13, 21.
hinab=fahren (u, a, ä), 16, 27.
hin=drehen, 43, 74.
hin=fliegen (o, o), 58, 101.

hin=gehen (ging, gegan=gen), 16, 27.
hin=sehen (a, e, ie), 58, 101.
hin=streuen, 64, 113.
hinauf=klettern, 66, 119.
hinauf=springen (a, u), 30, 47.
hinaus=kriechen (o, o), 62, 108.
hinaus=schleudern, 58, 100.
hinein, 6, 9.
hinein=bringen (a, u), 54, 94.
hinein=gucken, 75, 143.
hinein=kriechen (o, o), 62, 108.
hinein=legen, 56, 98.
hinein=raffen, 15, 25.
hinein=schütten, 17, 29.
hinein=stopfen, 22, 36.
hinfort, 13, 22.
hinten, 9, 13.
hinter, 5, 6.
Hinterbein (das) (s, e), 73, 137.
Hinterfuß (der), (es, "e), 22, 36.
Hintergrund (der), (s, "e), 15, 24.
hinüber, 19, 31.
hin=ziehen (o, o), 14, 24.
hinzu, 63, 110.
hinzu=gehen (ging, gegan=gen), 16, 27.
Hirsch (der), (es, e), 20, 33.
Hirt (der), (en, en), 52, 93.
Hirtenknabe (der), (n, n), 14, 23.
Hirtenstab (der), (s, "e), 14, 23.
Hitze (die), (-, n), 80, 149.
hoch (höher), 2, 2.
Hochgebirge (das), (s, -), 93, 175.
Hochton (der), (s, "e), 26, 42.
Hochzeit (die). (-, en), 46, 79.
Hof (der), (s, "e), 3, 4.
hoffen, 54, 96.
Hofhund (der), (s, e), 68, 123.
Höflichkeitsformel (die), (-, n), 36, 60.
Höhe (die), (-, n), 7, 10.
holen, 16. 27.
Holland (das), (s), 90, 168.
Hölle (die), (-, n), 9, 14.
Holz (das), (es, "er), 4, 5.
hölzern, 64, 113.
Holzfahrer (der), (s, -), 92, 172.
Holzhändler (der), (s, -), 44, 75.
Holzhauer (der), (s, -), 23, 37.
Holzknecht (der), (s, e), 92, 172.
Holzscheit (das), (es, e), 23, 38.
Holzschuh (der), (s, e), 29, 44.
Holzwerk (das), (s, e), 6, 8.
Honig (der), (s), 62, 108.
horchen, 15, 25.
hören, 12, 19.
Horizont (der), (es, e), 14, 24.
Horn (das), (s, "er), 70, 128.

Hörnerklang (der), (s, "e), 23, 37.
Hose (die), (-, n), 20, 33.
Hotel (das), (s, s), 43, 73.
hübsch, 32, 51.
Huf (der), (es, e), 73, 137.
Hufeisen (das), (s, -), 73, 137.
Hufschmied (der), (s, e), 44, 75.
Hügel (der), (s, -), 14, 23.
Hügellinie (die), (-, n), 14, 24.
Huhn (das), (s, "er), 64, 113.
Hühnchen (das), (s, -), 65, 115.
Hühnerhof (der), (s, "e), 64, 113.
Hund (der), (es, e), 20, 33.
hundert, 18, 31.
hundertjährig, 3, 3.
hunderttausend, 100, 187.
Hündin (die), (-, nen), 68, 123.
Hunger (der), (s). 15, 25.
hungrig, 24, 39.
hurtig, 73, 138.
Husten (der), (s), 31, 49.
Hut (der), (s, "e), 8, 12.
hüten, 68, 123.
Hutmacher (der), (s, -), 44, 75.
Hütte (die), (-, n), 18, 30.

J

illustrieren, 34, 55.
im (in dem), 3, 3.
Imbiß (der), (sses, sse), 89, 165.
immer, 19, 32.
Imperfekt (das), (s),82,153.
in, 2, 1.
indem, 54, 94.
indes (indessen), 80, 150.
Indikativ (der), (s), 82, 153.
indirekt, 27, 42.
Infanterie (die), (-), 50, 88.
Infanterist (der), (en, en), 50, 88.
Infinitiv (der), (s), 39, 65.
Influenza (die), (-), 31, 49.
inne, 38, 62.
Innere (das), (n), 11, 17.
Insel (die), (-, n), 3, 3.
Insekt (das), (s, en), 62, 108.
Invalidenhaus (das), (es, "er), 7, 10.
Inversion (die), (-, en), 27, 42.
irgend, 62, 108.
irren, 13, 21.
Italien (das), (s), 30, 47.

J

ja, 2, 2.
Jacke (die), (-, n), 20, 33.
Ja=frage (die), (-, n), 30,48.
Jagd (die), (-, en), 20, 33.

Jagdanzug (der),)s, "e), 20, 33.
Jagdhund (der), (s, e), 20, 33.
Jagdschein (der), (s, e), 23, 37.
Jagdtasche (die), (-, n), 20, 33.
jagen, 28, 43.
Jäger (der), (s, -), 20, 33.
Jägerlatein (das), (s), 22, 36.
Jägerlied (das), (s, er), 21, 35.
Jägersmann (der), (s), 21, 35.
Jahr (das), (es, e), 2, 1.
Jahreszeit (die), (-, en), 26, 41.
Jahrmarkt (der), (s, "e), 69, 126.
jammern, 24, 39.
Januar (der), 33, 53.
ja wohl, 16, 27.
jeder, e, es, 7, 10.
jedesmal wenn, 65, 117.
jenseits, 40, 66.
jetzt, 2, 1.
Johannisbeere (die), (-, n), 80, 149.
Jubel (der), (s), 32, 51.
Jugend (die), (-), 4, 5.
jung ("), 5, 6.
Junge (der), (n, n), 2, 2.
Juni (der), 84, 155.
Justizpalast (der), (es, "e), 7, 10.
Juwelier (der), (s, e),44,75.

K

Käfer (der), (s, -), 80, 150.
Kaffee (der), (s), 43, 73.
Kaffeehaus (das), (es, "er), 5, 6.
Käfig (der), (s, e), 38, 62.
kahl, 26, 41.
Kahn (der), (es, "e), 89, 165.
Kaiser (der), (s, -), 4, 5.
Kaiserreich (das), (s, e), 8, 11.
Kalb (das), (es, "er), 69, 127.
Kälbchen (das), (s, -), 71, 131.
Kalbfleisch (das), (s), 70, 128.
Kalender (der), (s,-), 26,41.
kalt ("), 24, 40.
Kälte (die), (-), 29, 44.
Kamerad (der), (en, en),2,1.
Kamm (der), (es, "e), 65, 115.
Kanal (der), (s, "e), 89, 165.
Kaninchen (das), (s, -), 64, 113.
Kanone (die), (-, n), 50, 88.
Kanzel (die), (-, n), 51, 91.
Kapellmeister (der), (s, -), 38, 62.
Kapitän (der), (s, e),96,181.
Karl, 3, 3.
Karl der Große, 36, 58.
Karlsfest (das), (es, e), 36, 58.

Karoline, 32, 51.
Karren (der) (s, -), 44, 75.
Karte (die), (-, n), 42, 70.
Kartoffel (die), (-, n), 15,24.
Karton (der), (s), 36, 60.
Käse (der), (s, e), 69, 127.
Kaserne (die), (-, n), 46, 78.
Kasperletheater (das), (s, -), 32, 51.
Kasse (die), (-, n), 45, 76.
Kassierer (der), (s, -),45,76.
Kasten (der), (s, -), 5, 6.
Kater (der), (s, -), 66, 119.
Katze (die), (-, n), 64, 113.
Kätzchen (das), (s, -), 66, 119.
kaufen, 34, 53.
Käuferin (die), (-, nen), 45 76.
Kaufmann (der), (s, -leute), 69, 126.
kaum, 17, 28.
Kavallerie (die), (-), 50, 88.
Kavallerist (der), (en, en), 50, 88.
kehren, 8, 12.
Kehricht (das), (s), 94, 170.
kein, 2, 2.
Keller (der), (s, -), 6, 9.
Kellner (der), (s, -), 5, 6.
Kellnerin (die), (-, nen), 43, 73.
Kelter (die), (-, n), 17, 28.
kennen (kannte, gekannt), 3, 3.
Kerze (die), (-, n), 32, 51.
Kette (die), (-, n), 20, 34.
keuchen, 11, 18.
Kieler Kanal (der), (s), 98, 185.
Kind (das), (es, er), 4, 5.
Kinderkrankheit (die), (-, en), 31, 49.
Kindlein (das), (s, -), 7, 9.
Kinn (das), (s, e), 74, 141.
Kirche (die), (-, n), 7, 10.
Kirchengemeinde (die), (-), 51, 91.
Kirchhof (der), (s, "e), 14, 23.
Kirchturm (der), (s, "e), 12, 19.
Kirsche (die), (-, n), 80, 149.
Kiste (die), (-, n), 9, 13.
Kittel (der), (s, -), 20, 33.
Klage (die), (-, n), 68, 124.
klagen, 12, 20.
kläglich, 71, 131.
klar, 28, 43.
Klarinette (die), (-, n), 38, 62.
Klasse (die), (-, n), 2, 1.
klassisch, 4, 4.
klatschen, 15, 25.
Klatschmohn (der), (s), 80, 149.
Klatschrose (die), (-, n), 80, 149.
kleben, 37, 61.
Klecks (der), (es, e), 43, 74.
Klee (der), (s), 85, 158.
Kleefeld (das), (s, er), 58, 100.
Kleid (das), (es, er), 5, 6.
Kleidung (die), (-, en), 23, 37.
klein, 3, 3.
Klempner (der), (s, -). 6, 8.

klingen (a, 55, 97.
klopfen, 29, 45.
Kloster (das), (s, , 0, 47.
Kloß (der), (es, "e), 78, 147.
Kluft (die), (-, "e), 93, 175.
klug ("), 68, 123.
Klumpen (der), (s, -), 62, 108.
Knabe (der), (n, n), 34, 53.
Knecht (der), (es, e), 40, 68.
Knall (der), (es), 23, 37.
Knie (das), (s, e), 94, 176.
knien, 15, 25.
knistern, 41, 68.
Knochen (der), (s, -), 68, 124.
Knospe (die), (-, en), 60, 105.
knurren, 68, 123.
Koch (der), (es, "e), 19, 32.
Köchin (die), (-, nen), 65, 115.
Köder (der), (s, -), 89, 166.
Koffer (der), (s), 9, 13.
Kohl (der), (s), 60, 105.
Kohlblatt (das), (s, "er), 64, 113.
Kohle (die), (-, n), 16, 27.
Kohlenbrenner (der), (s, -), 23, 37.
Kohlenhändler (der), (s, -), 44, 75.
Köhler (der), (s, -), 23, 37.
Kohlkopf (der), (es, "e), 78, 147.
Köln, 8, 11.
Kolonialwaarenhandlung (die), (-, en), 43, 73.
komisch, 38, 62.
kommandieren, 50, 88.
kommen (a, o), 8, 12.
Kommis (der), (-, -), 45, 76.
Komödie (die), (-, n), 38, 62.
Kompagnie (die), (-, n), 50, 88.
Kompaß (der), (sses), 98, 184.
Konditionalsatz (der), (es, "e), 86, 160.
König (der), (s, e), 36, 58.
Königin (die), (-, nen), 36, 58.
Königreich (das), (s, e), 8, 11.
Konjugation (die), (-, en), 82, 153.
Konjunktion (die), (-, en), 62, 109.
können (konnte, gekonnt, ich kann), 4, 5.
Konzert (das), (s, e), 38, 62.
Konzessivsatz (der), (es, "e), 90, 169.
Kopf (der), (es, "e), 23, 37.
Korb (der), (s, "e), 9, 13.
Körbchen (das), (s, -), 30, 47.
Korbmacher (der), (s, -), 17, 29.
Korn (das), (s, "er), 16, 26.
Kornähre (die), (-, n), 88, 163.
Kornblume (die), (-, n), 80, 149.
Kornboden (der), (s, "), 6, 9.
Kornernte (die), (-, n), 87, 161.
Kornfeld (das), (es, er), 84, 155.

Korngarbe (die), (-, n), 41, 69.
Kornmäher (der), (s, -), 87, 161.
Kornschober (der), (s, -), 91, 170.
Körper (der), (s, -), 65, 115.
Kost (die), (-), 43, 73.
krachen, 81, 151.
kräftig, 20, 33.
kraftlos, 30, 47.
Kragen (der), (s, -), 68, 124.
krähen, 65, 115.
Kralle (die), (-, n), 66, 119.
Krämer (der), (s, -), 76, 144.
krank ("), 31, 49.
Krankenhaus (das), (es "er), 31, 49.
Krankenpfleger (der), (s, -), 31, 49.
Krankenpflegerin (die), (-, nen), 31, 49.
Krankheit (die), (-, en), 31, 48.
kränklich, 67, 121.
kratzen, 22, 36.
kraus, 75, 142.
Krebs (der), (es, e,) 89, 165.
Kreide (die), (-), 41, 68.
Kreis (der), (es, e), 99, 186.
Kreuz (das), (es, e), 12, 19.
kreuzen, 57, 100.
Kreuzer (der), (s, -), 78, 148.
Kreuzzug (der), (s, "e), 3, 3.
kriechen (o, o), 94, 177.
Krieg (der), (s, e), 3, 3.
Krieger (der), (s, -), 13, 21.
Kriegerart (die), (-), 12, 21.
Krone (die), (-, n), 18, 31.
Krüglein (das), (s, -), 13, 22.
krumm, 14, 23.
Krümmung (die), (-, en), 84, 155.
Kübel (der), (s, -), 17, 28.
Küche (die), (-, n), 6, 9.
Kuchen (der), (s, -), 34, 53.
Küchlein (das), (s, -), 64, 113.
Kufe (die), (-, n), 17, 28.
Kugel (die), (-, n), 22, 36.
Kuh (die), (-, "e), 69, 127.
Kuhhirt (der), (en, en), 15, 24.
kühl, 80, 150.
Kuhstall (der), (es, "e), 69, 127.
Kunststück (das), (es, e), 38, 62.
Kupfer (das), (s), 44, 75.
Kupferschmied (der), (s, e), 44, 75.
Kupferstecher (der), (s, -), 35, 56.
Kupferstich (der), (s, e), 34, 53.
Kürassier (der), (s, e), 50, 88.
Kürschner (der), (s, -), 44, 75.
kurz ("), 74, 139.
kürzen, 42, 71.
Kurzweil (die), (-), 42, 71.
küssen, 32, 51.
Küste (die), (-, n), 95, 180.
Kutsche (die), (-, n), 10, 15.
Kutscher (der), (s, -), 5, 6.

L

Laboratorium (das), (s, ien), 3, 4.
lächelnd, 96, 182.
lachen, 15, 25.
laden (u, a, ä), 9, 13.
Laden (der), (s, "), 44, 75.
Lamm (das), (es, "er), 74, 141.
Lämmchen (das), (s, -), 75, 142.
Lampe (die), (-, n), 9, 13.
Land (das), (s, "er), 3, 3.
Landbewohner (der), (s, -), 77, 146.
landen, 96, 181.
Landmann (der), (s, -leute), 80, 149.
Landschaft (die), (-, en), 29, 44.
Landstraße (die), (-, n), 33, 53.
Landungsbrücke (die), (-, n), 96, 181.
lang ("), 24, 39.
Länge (die), (-, n), 96, 180.
langhaarig, 74, 141.
längs, 14, 23.
langsam, 19, 31.
Lanze (die), (-, n), 50, 88.
Lappen (der), (s, -), 22, 36.
Lärm (der), (s), 41, 68.
lassen (ie, a, ä), 5, 7.
Laster (das), (s, -), 8, 12.
Latein, 3, 3.
Laterne (die), (-, n), 32, 51.
Laub (das), (es), 14, 24.
Lauf (der), (es, "e)), 22, 36.
laufen (ie, au), 17, 28.
laut, 23, 37.
lauten, 11, 18.
Lazarett (das), (s, e), 7, 10.
leben, 4, 5.
Leben (das), (s), 3, 3.
Lebensgewohnheit (die), (-, en), 65, 115.
Lebtag (der), (s), 16, 27.
lebhaft, 21, 85.
lecken, 66, 119.
Leder (das), (s, -), 44, 75.
leer, 2, 2.
leeren, 17, 28.
legen, 10, 15.
Lehrer (der), (s, -), 2, 1.
Lehrjunge (der), (n, n), 44, 75.
Leib (der), (es, er), 20, 33.
Leiche (die), (-, n), 67, 121.
leicht, 5, 6.
leib, 4, 5.
Leib (das), (es, en), 58, 101.
leiden (litt, gelitten), 19, 32.
Leine (die), (-, n), 69, 127.
Leipzig, 8, 11.
leise, 13, 22.
leisten, 72, 132.
leiten, 4, 4.
Leiter (die), (-, n), 17, 28.
Leiterwagen (der) (s, -), 64, 113.
Lektion (die), (-, en), 42, 72.
lenken, 5, 6.
Lenkstange (die), (-, n), 94, 171.

Lerche (die), (-, n), 55, 97.
Lerchennest (das), (es, er), 57, 100.
Lerchenpaar (das), (es, e), 57, 100.
lernen, 3, 3.
Lesebuch (das), (s, "er), 75, 143.
lesen (a, e, ie), 3, 3.
Lesen (das), (s), 4, 5.
letzte (der, die, das), 26, 42.
letztere (der, die, das), 4, 4.
Leuchtturm (der), (s, "e), 96, 180.
leuchten, 60, 106.
Leute (die), (pl.), 4, 5.
Licht (das), (es, er), 99, 186.
lichten, 96, 181.
Lichtfünkchen (das), (s, -), 99, 186.
lieb, 12, 20.
Liebe (die), (-), 13, 21.
lieben, 12, 20.
lieblich, 52, 93.
liegen (a, e), 7, 10.
Linke (die), (-), 4, 5.
links, 5, 6.
Linnen (oder Leinen), (das), (s), 28, 43.
listig, 16, 27.
loben, 52, 93.
Locke (die), (-, n), 54, 94.
locken, 57, 100.
Löffelchen (das), (s, -), 86, 159.
Loge (die), (-, n), 38, 62.
Lohn (der), (s), 4, 5.
Lokomotive (die), (-, n), 9, 13.
los, 20, 34.
löschen, 46, 79.
lösen, 9, 13.
Lottospiel (das), (s, e), 32, 51.
Louvre (Le), 7, 10.
Löwe (der), (n, n), 38, 62.
Ludwig, 32, 51.
Luft (die), (-, "e), 26, 41.
Luftballon (der), (s, s), 91, 170.
lüften, 72, 133.
Lügner (der), (s, -), 31, 50.
Luke (die), (-, n), 64, 113.
Lunge (die), (-, n), 35, 56.
Lungenentzündung (die), (-, en), 31, 49.
Lust (die), (-), 24, 35.
lustig, 2, 2.
Lustspiel (das), (s, e), 38, 62.

M

machen, 2, 1.
Macht (die), (-, "e), 99, 186.
mächtig, 4, 5.
Mädchen (das), (s, -), 29, 44.
Magd (die), (-, "e), 17, 28.
mager, 73, 137.
magisch, 32, 51.
Magistrat (der), (s), 46, 79.
Magnetnadel (die), (-, n, 98, 184.
mähen, 84, 155.
Mäher (der), (s, -), 84, 155.
mahlen, 46, 66.

Mahlzeit (die), (-, en), 17, 28.
Mähne (die),(-,n), 73,137.
Mai (der),59,103.
Maiblümchen (das), (s,-), 59, 103.
Mainz, 8, 11.
Mal (das), (s), 11, 18.
malen, 39, 64.
Maler (der), (s, -), 6, 8.
man, 3, 3.
mancher (e, es), 29, 45.
manchmal, 30,47.
Wandelkern (der),(s,e),56, 98.
Mann (der), (es, "er), 4,5.
männlich, 50, 88.
Mantel (der), (s,"), 34.53.
Märchen (das), (s,-), 32,51.
Mark (die), (-, -), 5, 7.
Markt (der), (es,"e), 74,139.
Markthalle (die),(-,n),7,10.
Marktplatz (der), (es, "e), 78, 147.
Marmor (der), (s), 39, 64.
Marne (die), (-), 7, 10.
marschieren, 50, 86.
marschmäßig, 51, 90,
Martha, 12, 21.
März (der), 26, 41.
Maschine (die), (-, n), 15, 24.
Masern (die), (pl.), 31, 49.
Maske(die), (-, n), 62, 108.
Masse (die), (-, n), 3, 3.
Mast (der), (es, en), 96, 180.
Maß (das), (es. e), 6, 9.
Mathematik (die), (-), 3, 3.
Mathematikstunde (die), (-, n), 3, 3.
Matrose (der), (n, n), 96, 180.
matt, 80, 150.
Mauer (die), (-, n), 60, 105.
mauern, 6, 9.
Maul (das), (es, "er), 66, 119.
Maurer (der), (s, -), 6, 8,
Maus (die), (-,"e), 64, 113.
Max, 32, 51.
Medizin (die), (-, en), 31, 49.
Meer (das), (s, e), 7, 10.
Meeresstrand (der), (s), 95, 178.
Mehl (das), (s), 14, 23.
mehr, 2, 2.
mehrere, 9, 13.
Meierin ((die), (-, nen), 70, 127.
Meile (die), (, n), 100,187.
mein, e, mein, 2, 1.
meinen, 18, 30.
Meißel (der), (s, -), 39, 64.
meistens, 34, 49.
Meister (der), (s, -), 6, 9.
melden, 46, 79.
melken (o, o et régulier), 69, 127.
Menge (die), (-, n), 12, 19.
Mensch(der), (en, en), 9, 13.
merken, 77, 145.
Merksatz (der), (es, "e), 26, 42.
merkwürdig, 22, 36.
Messe (die), (-, n), 14, 23.
Messer (das), (s, -), 17, 28.

Metzger (der), (s,-), 43, 73.
miauen, 66, 119.
mieten, 10, 15.
Mieze (die), (-, n), 66, 119.
Milch (die), (-), 66, 119.
Milchfrau (die), (-, en), 68, 123.
Milchkeller (der), (s, -), 69, 127.
mild, 18, 31.
Mildtätigkeit (die), (-), 29, 44.
Million (die), (-, en), 7,10.
Minchen, 32, 51,
Mist (der), (es), 64, 113.
Mistgabel (die), (-, n), 64, 113.
Misthaufen (der), (s, -), 64, 113.
mißhandeln, 73, 137.
mit, 2, 1.
mit=gehen(ging,gegangen), 67, 121.
mit=kommen (a, o), 11, 18.
Mitleid (das), (s), 32, 51.
mit=nehmen (a,o,i),15,25.
Mitschüler (der), (s,-), 2,1.
Mittagbrot (das), (s), 80, 150.
mittags, 52, 91.
Mittagsglocke (die), (-, n), 52, 91.
Mitte (die), (-),5, 6.
Mittelalter (das), (s), 3, 3.
Mitteldeutschland(das),(s), 95, 178.
Mittelpunkt (der), (s),7,10.
mitten, 14, 23.
Mitternacht (die), 34, 53.
Möbel (das), (s, n), 32, 51.
Modehändlerin, (die), (-, nen), 44, 75.
mögen, mochte, gemocht, ich mag), 12, 20.
möglich, 22, 36.
Monat (der), (s, e), 2, 1.
Mönch (der), (s, e), 30, 47.
Mond (der), (es, "e), 18, 31.
Moudenpracht (die), (-), 18, 31.
Mondschein (der), (s), 34, 53.
Mondviertel (das), (s, -), 35, 58.
Moor (das), (es,e), 95, 178.
Moos (das), (es, e), 56, 98.
Mops (der), (es, "e), 68, 123.
Mörder (der), (s,-), 48,84.
morgen, 5, 7.
Morgen (der), (s, -), 42, 70.
Morgenglocke (die), (-, n), 52, 91.
Morgenluft (die), (-, "e), 52, 93.
morgens, 28, 43.
Morgenstrahl (der), (s, en), 94, 177.
Morgenstunde (die), (-, n), 3, 3.
Most (der), (es), 17, 28.
Möwe (die), (-, n), 96, 180.
Mücke (die), (-, n, 80, 150.
Mücklein (das), (s,-), 2, 2.
müde, 24, 40.
Mühe (die), (-, n), 31, 50.
Mühle (die), (-, n), 14, 23.

Mühlrad (das), (s, "er), 14, 23.
Müller (der), (s,-), 40, 66.
München, 8, 11.
Mund (der), (es), 3, 3.
münden, 3, 4.
Mündung (die), (-, en), 90, 168.
Mundvorrat (der), (s, "e), 89, 165.
munter, 17, 28.
Münze (die), (-, n), 3, 3.
Museum (das),(s, een), 5,6.
Musik (die), (-), 38, 62.
Musikant (der), (en, en),34, 53.
musizieren, 57, 99.
müssen (mußte, gemußt, ich muß, du mußt), 2, 1.
Müssiggang (der), (s), 8,12.
Muster (das), (s, -), 7, 10.
müßig, 42, 71.
Mutter (die), (-, "), 12, 21.
Mutterhaus (das), (es), 92, 173.
Mütterlein (das), (s,-), 13, 21.
Mütze (die), (-, en), 42, 72.

N

nackt, 85, 158.
nach, 2, 1.
Nachbar (der), (s, n), 42, 70.
Nachbarskind (das), (s, er), 32, 51.
nachdem, 9, 13.
Nachsehen (das), 66, 118.
nachsichtig, 23, 37.
nachstehend, 43, 74.
Nacht (die), (-, "e), 13, 22.
nachts, 5, 6.
Nadel (die), (-, n), 76, 144.
naß ("), 12, 19.
nahe, 68, 123.
Nähe (die), (-, n), 14, 23.
nähen, 42, 70.
nähern (sich), 2, 2.
Nähkasten (der), (s, -), 32, 51.
Nahrung (die), (-), 43, 73.
Name (der), (ns, n), 4, 5.
namenlos, 13, 22.
Namenszug (der), (es, "e), 33, 53.
namentlich, 3, 3.
nämlich, 26, 42.
naschen, 19, 32.
naschhaft, 66, 119.
Nase (die), (-, n), 68, 123.
Nasenloch (das), (s, "er), 73, 137.
Natur (die), (-), 84, 151.
Naturalienkabinett (das), (s, e), 3, 4.
Naturkunde (die), (-), 3, 3.
natürlich, 34, 53.
Nebel (der), (s, -), 24, 40.
neben, 17, 28.
Nebenfluß (der), (sses, "sse), 7, 10.
Nebengebäude (das), (s, -), 64, 113.

Nebenmensch (der), (en, en), 48, 84.
Nebensatz (der), (es, "e), 46, 80.
necken, 68, 123.
nehmen (nahm, genommen, du nimmst), 11, 17.
neigen, 13, 21.
nein, 24, 39.
Nein=frage (die), (-, n), 30, 48.
Nelke (die), (-, n), n), 80, 149.
nennen (nannte, genannt), 4, 4.
Nervenfieber (das), (s), 31, 49.
Nest (das), (es, er), 54, 94.
Nestchen (das), (s, -), 58, 101.
Nestlein (das), (s,-), 56, 98.
nett, 28, 43.
Netz (das), (es, e), 10, 15.
neu, 2, 1.
neugeweißt, 49, 86.
Neujahr (das), (s), 36, 58.
Neujahrsbrief (der), (s, e), 36, 59.
Neujahrsferien (die), (pl.), 35, 57.
Neujahrswunsch (der), (s, "e), 36, 59.
Neumond (der), (s), 35, 58.
neun, 30, 47.
nicht, 4, 5.
nichts, 6, 9.
nicken, 75, 143.
Nideck, 15, 25.
nie, 67, 121.
nieder, 26, 42.
nieder=knieen, 15, 25.
niederlassen (ie, a, ä), 62, 108.
niederlegen, 12, 19.
nieder=reißen (i, i), 6, 8.
nieblich, 32, 51.
niedrig, 14, 23.
niemals, 49, 86.
niemand, 59, 103.
Niemen (der), 90, 168.
nimmer, 12, 21.
noch, 2, 1.
Nord (der), (s), 90, 168.
Norden (der), (s), 8, 11.
nördlich, 95, 178.
Nordsee (die), 90, 168.
Nordwind (der), (s, e), 26, 41.
Normann (der),(en,en), 3,3.
Not (die), (-, "e), 24, 35.
November (der), 12, 19.
null, 33, 53.
Nummer (die), (-, n), 3, 4.
nun, 2, 1.
nur, 7, 10.
Nuß (die), (-, "sse), 17, 28.
Nutzen (der), (s), 65, 115.

O

ob, 4, 5.
oben, 6, 9.
ober, 54, 94.
Oberfläche (die), (-, n), 93, 175.

Oberleutenant (der), (s, e), 50, 88.
Oberrealschule (die), (-, n), 4, 4.
oberst, 14, 24.
Oberst (der), (n, n), 50, 88.
obgleich, 47, 81.
obig, 7, 10.
Objekt (das) (es, e), 33, 52.
obschon, 90, 169.
Obst (das), (es), 17, 28.
Obstbaum (der), (s, ¨e), 17, 28.
Obstbäumchen (das), (s, -), 60, 105.
Obstgarten (der), (s, ¨), 54, 94.
obwohl, 90, 169.
Ochs (der), (en, en), 70, 128.
öde, 26, 41.
oder, 3, 4.
Oder (die), 90, 168.
öffnen, 40, 66.
Öffnung (die), (-, en), 62, 108.
Österreich (das), (s), 90, 168.
Ofen (der), (s, ¨), 41, 68.
offen, 6, 9.
öffentlich, 5, 6.
Offizier (der), (s, e), 50, 88.
öffnen (sich), 3, 4.
oft, 4, 5.
ohne, 23, 37.
Ohr (das), (s, en), 22, 36.
Oktober (der), (s), 2, 1.
Omnibus (der), (sses, sse), 5, 6.
Omnibusnummer (die), (-, n), 11, 17.
Oper (die), (-, n), 38, 32.
Operette (die), (-, n), 38, 62.
Opernhaus (das), (es, ¨er), 38, 62.
Opferstock (der), (s, ¨e), 51, 91.
ordentlich, 82, 153.
Ordnung (die), (-), 34, 50.
Organ (das), (s, e), 3, 3.
Organist (der), (en, en), 52, 91.
Orgel (die), (-, n), 51, 91.
Orgelklang (der), (s, ¨e), 52, 93.
orientieren, 98, 184.
Ort (der), (es, e), 13, 21.
Osten (der), (s), 90, 168.
Ostergruß (der), (es, ¨e), 55, 97.
Osterhase (der), (n, n), 56, 98.
Osterhäslein (das), (s, -), 56, 98.
Osterlied (das), (s, er), 55, 97.
Ostermorgen (der), (s, -), 55, 97.
Ostern, 55, 97.
Ostsee (die), 90, 168.

P

Paar (das), (es, e), 5, 6.
packen, 11, 18.
Packet (das), (es, e), 5, 6.
Palast (der), (es, ¨e), 7, 10.
Palästina, 3, 3.
Palette (die), (-, n), 39, 64.
Panther (der), (-, n), 38, 62.
Papier (das), (s, e), 35, 56.
Papierfabrikant (der), (en, en), 35, 56.
Papierschnitzel (das), (s, -), 48, 83.
Pappel (die), (-, n), 14, 23.
Paris, 7, 9.
Parkanlage (die), (-, n), 7, 10.
Parquet (das), (s), 38, 62.
Partere (das), (s), 38, 62.
Partikel (die), (-, n), 28, 42.
Partizip (das), (s, ien), 6, 8.
Passagier (der), (s, e), 96, 181.
passiv, 35, 56.
Pause (die), (-, n), 3, 4.
Pedale (die), (-, n), 94, 171.
Pein (die), (-), 89, 167.
Peitsche (die), (-, n), 5, 6.
Pelzware (die), (-, n), 44, 75.
Pensionär (der), (s, e), 3, 4.
Perfektum (das), (s), 39, 63.
Perle (die), (-, n), 44, 75.
Perron (der), (s, s), 9, 13.
Person (die), (-, n), 9, 13.
Peter, 67, 121.
Pfad (der), (es, e), 92, 172.
Pfahl (der), (s, ¨e), 17, 28.
Pfarrer (der), (s, -), 52, 91.
Pfefferkuchen (der), (s, -), 32, 51.
Pfeife (die), (-, n), 21, 35.
pfeifen (pfiff, gepfiffen), 57, 99.
Pfeil (der), (s, e), 94, 177.
Pfeiler (der), (s, -), 69, 127.
Pferch (der), (es, e), 75, 142.
Pferd (das), (es, e), 5, 6.
Pferdchen (das), (s, -), 86, 159.
Pferdegeschirr (das), (s), 72, 133.
Pferdestall (der), (es, ¨e), 72, 133.
Pfingsten, 75, 142.
Pflanze (die), (-, n), 3, 3.
pflanzen, 61, 106.
Pflaster (das), (s), 72, 133.
pflastern, 69, 127.
Pflege (die), (-, n), 4, 4.
pflegen, 31, 49.
pflücken, 17, 28.
Pflug (der), (s, ¨e), 15, 24.
pflügen, 15, 25.
Pforte (die), (-, n), 6, 9.
Pförtner (der), (s, -), 3, 4.
Pfote (die), (-, n), 66, 119.
Pfühl (der), (es, e), 2, 21.
Pfütze (die), (-, n), 64, 113.
Photograph (der), (en, en), 39, 64.
Photographie (die), (-, n), 39, 64.
Physikzimmer (das), (s, -), 3, 4.
picken, 41, 69.
piepen, 41, 69.
Pinsel (der), (s, -), 39, 64.
Pistole (die), (-, n), 69, 126.
Plan (der), (s, ¨e), 6, 8.
Planet (der), (en, en), 98, 186.
Platte (die), (-, n), 70, 127.
Plätterin (die), (-, nen), 44, 75.
Platz (der), (es, ¨e), 5, 6.
Plätzchen (das), (s, -), 47, 81.
plaudern, 42, 70.
plötzlich, 24, 39.
Plusquamperfektum (das), (s), 39, 63.
Polizei (die), (-), 46, 79.
Polizeidiener (der), (s, -), 46, 79.
Portier (der), (s, s), 3, 4.
Porzellangeschirr (das), (s), 44, 75.
Posse (die), (-, n), 38, 62.
Post (die), (-), 36, 59.
Postanweisung (die), (-, en), 36, 59.
Postbeamte (der), (n, n), 38, 63.
Posthaus (das), (es, ¨er), 46, 78.
Postkarte (die), (-, n), 36, 59.
Postmarke (die), (-, n), 37, 60.
prächtig, 5, 6.
Präposition (die), (-, en), 33, 52.
präsentieren, 50, 88.
Präterit (das), (s, e), 6, 8.
predigen, 52, 91.
Preußen (das), (s), 8, 11.
Prinzessin (die), (-, nen), 32, 51.
Prior (der), (s, en), 30, 47.
„Prosit Neujahr!" 36, 58.
Provinz (die), (-, en), 8, 11.
Publikum (das), (s), 35, 56.
Pudel (der), (s, -), 68, 123.
Punkt (der), (es, e), 94, 176.
Püppchen (das), (s, -), 4, 5.
Puppe (die), (-, n), 32, 51.
Puppenstube (die), (-, n), 32, 51.
Purpurmantel (der), (s, ¨), 18, 31.
putzen, 72, 133.
Putzmacherin (die), (-, nen), 44, 75.

Q

Quai (der), 95, 180.
Quantität (die), (-, en), 35, 57.
Quelle (die), (-, n), 55, 97.
Querschwelle (die), (-, n), 92, 172.
Quinta (die), (-), 2, 1.
Quintaner (der), (s, -), 2, 1.

R

Rabe (der), (n, n), 26, 41.
Rad (das), (es, ¨er), 10, 16.
Radeln (das), (s), 97, 183.
Radfahrer (der), (s, -), 91, 170.
Radler (der), (s, -), 91, 170.
Rahm (der), (es), 70, 128.
Rahmen (der), (s, -), 39, 64.
Rand (der), (es, ¨er), 91, 170.
rasch, 57, 100.
rasieren, 44, 75.
Rat (der), (es, ¨e), 2, 2.
Rathaus (das), (es, ¨er), 7, 10.
Rätsel (das), (s, -), 20, 33.
Rand (der), (s, ¨er), 14, 23.
raten (ie, a, ä), 42, 71.
Rätsel (das), (s, -), 42, 71.
Ratte (die), (-, n), 66, 119.
Raubtier (das), (s, e), 20, 33.
Raufe (die), (-, n), 69, 127.
raufen (sich), 81, 152.
rauh, 12, 21.
Raum (der), (s, ¨e), 3, 4.
Raupe (die), (-, n), 60, 105.
rauschen, 24, 39.
Realgymnasium (das), (s, ien), 4, 4.
Realschule (die), (-, n), 4, 4.
Rebe (die), (-, n), 17, 28.
Reb(en)hügel (der), (s, -), 18, 31.
Rebhuhn (das), (s, ¨er), 20, 33.
Rechen (der), (s, -), 60, 105.
recht, 2, 1.
Rechte (die), (-, n), 4, 5.
rechts, 5, 6.
Rede (die), (-, n), 97, 183.
Regel (die), (-, n), 38, 63.
Regen (der), (s), 6, 9.
regen, 57, 99.
Regenbogen (der), (s, -), 80, 149.
Regiment (das), (s, er), 50, 88.
regnen, 66, 117.
Reh (das), (es, e), 20, 33.
reiben (ie, ie), 28, 43.
Reich (das), (s, e), 8, 11.
reich, 4, 5.
reichen, 45, 76.
Reichtum (der), (s, ¨er), 19, 32.
reif, 17, 28.
Reif (der), (es), 26, 41.
reifen, 80, 149.
Reigen (der), (s, -), 33, 53.
Reihe (die), (-, n), 5, 6.
rein, 28, 43.
reinigen, 40, 66.
reinlich, 66, 119.
Reinlichkeit (die), (-), 6, 9.
Reise (die), (-, n), 2, 2.
Reiseanzug (der), (es, ¨e), 9, 13.
Reisebeschreibung (die), (-, en), 34, 55.
Reisedecke (die), (-, n), 9, 13.
Reisende (der), (n, n), 9, 13.
Reisigbündel (das), (s, -), 23, 37.
reiten (i, i), 10, 16.
Reiter (der), (s, -), 44, 75.
Reiterei (die, (-), 50, 88.
Reitpferd (das), (es, e), 73, 137.
reißen (i, i), 81, 152.
Rekrut (der), (en), en), 50, 88.
Relativsatz (der), (es, ¨e), 46, 80.
Remise (die), (-, n), 94, 171.

WÖRTERVERZEICHNIS.

Urgroßvater (der), (s, "), 96, 182.
u. s. w. (und so weiter), 7, 10.

V

Vater (der), (s, "), 15, 25.
Vaterland (das), (s), 50, 88.
Ventilator (der), (s, en), 72, 133.
veranstalten, 33, 53.
Verb (das), (s, en), 28, 42.
verbergen (a, o, i), 18, 30.
verbieten (o, o), 47, 81.
verbinden (a, u), 38, 63.
verblühen, 28, 42.
verbreiten (sich), 47, 81.
verbrennen (verbrannte, verbrannt), 12, 21.
Verdeck (das), (s, e), 5, 6.
verdenken (dachte, dacht), 66, 120.
verderben (a, o, i), 19, 32.
verdienen, 4, 5.
verdrießen (o, o), 75, 143.
verdrießlich, 66, 120.
verdunkeln (sich), 93, 174.
verfassen, 3, 3.
verfertigen, 17, 29.
verfolgen, 68, 123.
vergebens, 57, 100.
vergeblich, 100, 187.
vergehen (i, a), 2, 1.
vergessen (a, e, i), 40, 68.
vergießen (o, o), 13, 22.
vergleichen (i, i), 65, 115.
vergnügt, 16, 27.
vergolden, 39, 64.
verhaften, 48, 84.
verhören, 48, 85.
verhüllen, 13, 21.
Verirrte (der), (n, n), 30, 47.
verjüngen, 55, 97.
Verkauf (der), (s), 44, 75.
verkaufen, 35, 56.
verkehren, 75, 143.
Verklagte (der), (n, n), 48, 84.
verkleiden (sich), 66, 118.
verkünden, 55, 96.
verlangen, 37, 60.
verlassen (ie, a, ä), 2, 1.
verleihen (ie, ie), 6, 9.
verlieren (o, o), 13, 22.
vermehren, 62, 108.
vernehmen (nahm, nommen), 55, 96.
verraten (ie, a, ä), 49, 86.
verrichten, 73, 137.
versammeln, 15, 24.
verschieben, 60, 105.
verschlucken, 76, 144.
verschonen, 88, 164.
verschreiben (ie, ie), 34, 49.
verschweigen (ie, ie), 49, 86.
verschwinden (a, u), 13, 22.
versehen (a, e, ie), 70, 128.
versenden, 36, 59.
versetzen, 2, 1.
Versetzung (die), (-, en), 2, 1.
versinken (a, u), 30, 47.
versprechen (a, o, i), 34, 55.

verstecken, 36, 58.
verstehen (verstand, verstanden), 18, 30.
Verstorbene (der), (n, n), 12, 19.
Versunkene (der), (n, n), 30, 47.
verteidigen, 48, 84.
verteilen, 36, 59.
Vertiefung (die), (-, en), 93, 175.
Verunglückte (der), (n, n), 30, 47.
verurteilen, 48, 84.
verwalten, 46, 79.
Verwalter (der), (s, -), 4, 4.
Verwandte (der), (n, n), 36, 59.
verwünschen, 65, 116.
Vieh (das), (s), 68, 123.
viel, 4, 5.
vielleicht, 56, 98.
Viertel (das), (s, -), 99, 186.
Viertelstunde (die), (-, n) 94, 176.
vierzig, 30, 47.
Vogel (der), (s, "), 14, 24.
Vögelein (das), (s, -), 27, 42.
Vogelnest (das), (es, er), 88, 164.
Vögelschar (die), (-, en), 57, 99.
Vogesen (die), (pl.), 95, 178.
Vokal (der), (s, e), 82, 153.
Volk (das), (s, "er), 4, 5.
Volkssage (die, (-, n), 81, 152.
Volksschule (die), (-, n), 7, 10.
voll, 67, 121.
vollenden, 42, 71.
völlig, 33, 53.
Vollmond (der), (s), 35, 58.
vom (von dem), 12, 19.
von, 2, 1.
vor, 4, 5.
voran, 5, 6.
vorbei, 11, 17.
vorbei=fließen (o, o), 63, 110.
vorbei=gehen (ging, gegangen), 75, 143.
Vorbeigehen (das), 5, 6.
vorbereiten, 42, 71.
Vorderbein (das), (es, e), 75, 143.
Vordergrund (der), (s, "e), 9, 13.
Vorderseite (die), (-, n), 64, 113.
Vorgesetzte (der), (n, n), 50, 88.
vorgestern, 38, 63.
vor=halten (ie, a, ä), 50, 88.
vorhin, 78, 148.
vorig, 2, 1.
vor=kommen (a, o), 31, 49.
vorig, 33, 53.
vormittags, 86, 159.
vorn, 5, 6.
vornehm, 4, 5.
vor=nehmen (nahm, genommen, du nimmst), 2, 1.
Vorort (der), (es, e), 7, 10.
vor=stellen, 17, 28.
vor=strecken, 66, 119.

W

wachen, 46, 79.
wachsam, 65, 115.
wachsen (u, a, ä), 4, 5.
wackeln, 66, 118.
wacker, 85, 158.
Waffe (die), (-, n), 50, 88.
Wage (die), (-, n), 78, 147.
Wagen (der), (s, n), 5, 6.
Wagner (der), (s, -), 44, 75.
wählen, 45, 76.
währen, 19, 32.
während, 3, 4.
Wahrheit (die), (-, en), 31, 50.
währenddessen, 29, 44.
wahrscheinlich, 14, 23.
Waisenhaus (das), (es, "er), 46, 78.
Wald (der), (s, "er), 8, 12.
Waldanlage (die), (-, n), 7, 10.
Wallis, 30, 47.
Walze (die), (-, n), 16, 26.
walzen, 77, 146.
Wand (die), (-, "e), 6, 8.
Wandbild (das), (es, er), 64, 114.
wandeln, 18, 31.
Wandelstern (der), (s, e), 99, 186.
Wanderer (der), (s, -), 30, 47.
wandern, 12, 19.
Wandersmann (s, -leute), 80, 150.
wann? 27, 42.
Ware (die), (-, n), 45, 76.
warm ("), 5, 6.
Wärme (die), (-), 99, 186.
wärmen, 23, 37.
wahrscheinlich, 15, 24.
warten, 10, 15.
Wartesaal (der), (s, "e), 10, 15.
warum? 35, 57.
was (etwas), 3, 3.
Waschbecken (das), (s, -), 76, 144.
Wäsche (die), (-), 44, 75.
waschen (u, a, ä), 44, 75.
Wäscherin (die), (-, nen), 44, 75.
Wasser (das), (s, -), 14, 23.
Wassertier (das), (s, e), 89, 165.
Wechsel (der), (s), 99, 186.
wecken, 65, 115.
Wecken (der), (s), 70, 129.
wedeln, 68, 123.
weder... noch, 18, 30.
weg, 26, 42.
Weg (der), (es, e), 17, 28.
weg=nehmen (nahm, genommen), 15, 25.
weg=reißen (i, i), 51, 90.
weh, 34, 53.
wehen, 65, 117.

wehren (sich), 70, 128.
Weibchen (das), (s, -), 57, 100.
weiblich, 50, 89.
weich, 56, 98.
Weichsel (die), 90, 168.
Weide (die), (-, n), 14, 23.
Weidenbaum (der), (s, "e), 14, 23.
Weidenrute (die), (-, n), 17, 29.
Weih (der), (es, e), 94, 177.
weihen, 6, 9.
Weihnachtsabend (der), (s, e), 32, 51.
Weihnachtsbaum (der), (s, "e), 32, 51.
Weihnachtsgruß (der), (es, "e), 36, 59.
Weihnachtstag (der), (s, e), 34, 55.
Weihnachtszeit (die), (-), 41, 68.
weil, 4, 5.
Weilchen (das), (s), 73, 138.
Weile (die), (-, n), 76, 144.
weilen, 92, 173.
Wein (der), (s, e), 6, 9.
Weinberg (der), (s, e), 17, 28.
weinen, 13, 22.
Weingeländer (das), (s, -), 64, 113.
Weinhändler (der), (s, -), 43, 73.
Weinlese (die), (-, n), 17, 28.
Weinleser (der), (s, -), 17, 28.
Weinleserin (die), (-, nen), 17, 28.
Weinpresse (die), (-, n), 17, 28.
Weinstock (der), (s, "e), 17, 28.
Weise (die), (-, n), 35, 57.
weiß, 15, 24.
Weißwein (der), (s, e), 43, 73.
weit, 10, 16.
Weite (das), 94, 177.
weiter, 5, 6.
weithin, 34, 53.
Weizen (der), (s), 16, 27.
welcher, e, es, 5, 6.
welf, 16, 27.
Welfen (das), 60, 106.
Welle (die), (-, n), 96, 180.
Welt (die), (-), 6, 9.
Weltall (das), (s), 99, 186.
wenden (wandte, gewandt), 4, 5.
wenig, 4, 5.
wenn, 13, 22.
werben (ich wurbe, geworben), 2, 1.
werfen (a, o, i), 5, 6.
Werk (das), (s, e), 3, 3.
Werkstatt (die), (-, "en), 44, 75.
Wert (der), (es), 36, 59.
Weser (die), 90, 168.
weshalb? 74, 140.
Westen (der), (s), 90, 168.
Wetter (das), (s), 3, 4.
Wetterhahn (der), (s, "e), 14, 23.
Wicht (der), (es, e), 89, 167.